APRENDIENDO A AMAR

COVADONGA PÉREZ-LOZANA

Aprendiendo a amar

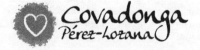

1ª Edición: diciembre, 2015
2ª Edición: agosto, 2016

www.covadongaperezlozana.com
info@covadongacoach.com
Facebook: Covadonga Pérez-Lozana

© Covadonga Pérez-Lozana, 2015
Depósito legal: MA2015
Nº Registro: /2015
ISBN: 978-84-608-5012-0
Edita: Covadonga Pérez-Lozana
Diseño gráfico y portada: Álvaro Rodriguez
Corrección de textos: Alberto Aguelo
Fotografías: Víctor Linares
Impreso en España / Printed in Spain

ÍNDICE

AGRADECIMIENTOS

A RAMÓN A. Y DAVID A., dos de los grandes protagonistas de este libro.

A mi padre y sus ancestros, de los que heredé la capacidad de decir todo lo que pienso, el valor, el coraje y la autenticidad, así como la conexión con la tierra.

A mi madre y sus ancestros, de los que heredé el intelecto, la búsqueda espiritual y la conexión trascendente, la conexión con el cielo.

Agradezco a ambas ramas todas sus experiencias, sus avances, su espíritu emprendedor, su valor, su búsqueda así como sus enseñanzas acerca del amor, que son mi punto de partida.

A todas las personas e historias que aparecen en este libro, algunas ficticias y otras reales, por darme estas experiencias y testimonios que me han permitido aprender a amar.

Siento mucha gratitud en mi corazón hacia todos vosotros.

A todas las personas que me apoyaron en mi camino, que me alentaron y estuvieron a mi lado cuando decidí salirme del sistema, enfrentarme a las dificultades y trascender mis miedos.

Gracias por estar a mi lado.

Fuisteis muchos los que amortiguasteis mi miedo al salto al vacío, me impulsasteis y apoyasteis en el camino.

A todos mis clientes y asistentes a los talleres que imparto porque su florecimiento permitió el mío. Os estoy muy agradecida. Especialmente a Fernando E. uno de los primeros y uno de los que más floreció. Os llevo en el corazón, gracias por confiar en mí.

Y a todos los seres extraordinarios, compañeros, amigos y a todos aquellos que sencillamente aparecéis en mi vida llenándola de magia y belleza.

Gracias a Mindalia TV y Holistica FM por la difusión que hicisteis en mis comienzos.

Gracias por todos y cada uno de los momentos que hemos compartido.

Gracias a Víctor Linares por la portada y las excelentes fotografías.

Gracias a todos los autores y personas con reconocimiento público que han contribuido y apoyado la publicación de este libro: Sergi Torres, Javier Iriondo, Paco Alcaide, Gaspar Hernández, Laín García Calvo, David Asensio y Carolina Noriega.

Siento amor por todos vosotros.

PRÓLOGO

MIRO EL PRESENTE y veo muchos seres humanos despistados. Pareciera que nos interesa más encontrar agua en Plutón o lograr acelerar un protón que aprender a vivir nuestras vidas en plenitud y agradecimiento.

No sabemos vivir, y una de las pruebas de ello es que la gran mayoría de nuestras relaciones aún albergan algún tipo de conflicto. Les pedimos a los demás que nos hagan felices o, por lo menos, que no nos hagan daño. Esa mirada externa, tan practicada en nuestra forma actual de vivir las relaciones, nos distrae de la mirada interna: aquella que se mira a sí misma y se encuentra, aquella que al encontrarse entra en paz.

Todos buscamos amor, felicidad y paz, sin embargo, la perspectiva externa de esa búsqueda no tiene nada que ver con su perspectiva interna. La primera reclama a la vida y a los demás que nos aporten aquello que creemos que no somos capaces de alcanzar por nosotros mismos. La segunda, en cambio, se basa en un autodescubrimiento que agradece todo lo que ocurre, porque, al ocurrir, nos permite conocernos un poquito más.

La primera mirada camufla nuestras debilidades y construye una máscara atractiva para atraer a aquellos que nos van a hacer felices. La segunda mirada considera la debilidad como una oportunidad de crecimiento y la máscara como un obstáculo innecesario que oculta una visión honesta hacia uno mismo y el mundo que le rodea.

Somos una especie aún inmadura que cree estar realizada y completa. Creemos que ya hemos terminado nuestro viaje de autodescubrimiento cuando conseguimos el último modelo de teléfono móvil. Sin embargo, todavía mendigamos amor, respeto y comprensión a los demás, convirtiendo así las relaciones en una especie de bufé libre de desequilibrios emocionales: culpa, resentimiento, remordimientos, frustración e ira son los más solicitados del menú. ¿Te imaginas a dos personas cuyo discurso matutino dentro de sus cabezas sea decirle constantemente al otro: «¡Eh, tú, hazme feliz! ¡Eh, tú, hazme feliz!»?

Esta inmadurez de la que hablo no es, ni mucho menos, algo malo. Más bien refleja un enorme potencial por descubrir y ser vivido. De ahí nace mi gran interés en invitarte, por un lado a que seas consciente de esta bella inmadurez, y por el otro a que te des cuenta de tu ignorancia (que es la de todos nosotros).

Reconozcámoslo, no sabemos cómo relacionarnos de forma pacífica y amorosa con los demás, ni tampoco sabemos hacerlo con nosotros mismos. No sabemos respetarnos, escucharnos ni amarnos. Nos escondemos detrás de nuestra personalidad pensando que esto nos hará sentirnos mejor con nosotros mismos y también con los demás.

Quizá con este libro descubras que existe otra manera de relacionarse. Quizá sientas en tu corazón que es hora de dar un paso más allá del temor, las quejas y los caprichos, y encontrar una forma de relacionarte basada en la unidad, que, a su vez, nace de la mirada interna.

Covadonga nos invita a poner el foco en ello desnudando a la protagonista en las páginas de este libro, exponiendo su ignorancia a la luz del Sol y compartiendo con nosotros, los lectores, el resultado de esta valentía. Aprender a culpar a los demás de nuestras desdichas o responsabilizarlos de nuestra felicidad es una lección más que aprendida. Somos grandes maestros del victimismo, del drama y de regalar nuestra integridad a todos aquellos que tienen pinta de poder hacernos felices, aunque luego solo nos hagan desgraciados. Nacemos íntegros y, a medida que crecemos, aprendemos a desintegrarnos regalando a los demás algo que solo nos pertenece a nosotros: la capacidad de alcanzar la felicidad.

Te invito a andar, junto a Covadonga, hacia ese propósito. Su forma de narrar y su manera de alcanzarlo son suficientemente claros y honestos como para que el camino personal de la protagonista de esta historia se vuelva transparente y te permita vislumbrar ese propósito que todos compartimos. No temas ser feliz.

SERGI TORRES

INTRODUCCIÓN

ESTE LIBRO COMIENZA con el «ego». Escribo las primeras líneas reproduciendo ese tortuoso patrón de pensamiento egoico que dirigió y dominó la existencia de la protagonista de este libro hasta más allá de la treintena.

Afortunadamente, la vida, en su infinita sabiduría, supo proveer a Guadalupe de las experiencias vitales necesarias para su dulce transformación.

Guadalupe no es una víctima, nunca lo ha sido. Ha vivido muchas experiencias que la sociedad catalogaría como desgracias, pero ella sabe que no han sido tales, y también sabe que ha sido responsable de todas y cada una de ellas.

Guadalupe está agradecida a sus maestros por mostrarle el camino hacia su interior, hacia el empoderamiento personal.

En este libro quiero compartir su experiencia para que del mismo modo que ella pudo transformar su mente, este relato ayude a otras personas a transformar la suya.

Comienzo describiendo su egoica forma de pensar y finalizo mostrando una mente más alineada con su conexión esencial, una mente más limpia.

Una mente que le permite vivir relajada y en paz.

Espero que este relato ayude a otras personas a transformar su mente y responsabilizarse de su vida.

1
El desamor

M E LLAMO GUADALUPE y quiero contarte mi historia, la historia de un descubrimiento que me cambió la vida para siempre y que quiero plasmar en estas páginas para ayudarte a que tú también lo hagas. Pero, antes de llegar a eso, empecemos por el principio.

Me quedaban dos meses para cumplir treinta años y mi cabeza no paraba de darle vueltas a la idea de que iba a cambiar de década y aún no me había casado.

Una parte de mí se repetía que eso eran historietas, convencionalismos sociales pasados de moda, pero otra parte, que en ocasiones tomaba el control, sentía que había fracasado.

Era como si en algún momento hubiera apretado la tecla equivocada, hubiera escogido el camino erróneo y todo hubiese dejado de funcionar. Me sentía profundamente vacía.

«Pero si tengo un novio estupendo», me repetía a mí misma.

Llevaba 3 años con Rodrigo, que era lo que oficialmente se considera un tío bueno. Era guapo, elegante, fino… tenía un lenguaje culto y elaborado, y era tremendamente atractivo. De lunes a viernes se vestía de traje para ir a la oficina y, por si esto fuera poco, encima se ponía una gabardina que le daba un toque misterioso. Parecía salido de un anuncio de Massimo Dutti.

Yo podía sentir la envidia de otras mujeres cuando caminaba cogida de su brazo, cuando iba con él a una fiesta o cuando se enteraban de que era mi novio.

Me sentía afortunada de estar con un chico tan guapo y elegante; llevaba su foto en mi cartera y subía constantemente fotos nuestras al facebook. Me encantaba mostrar en la red social fotos en las que salíamos abrazándonos, besándonos o haciendo planes juntos. Éramos la viva imagen de la felicidad, los dos tan ideales.

En esa época, descubrí una aplicación que te informa de quién te visita en facebook, y me regodeaba contando el alto número de visualizaciones que tenían nuestras fotos y disfrutando de la atención que suscitábamos.

Sin duda, éramos una pareja perfecta. Sin falsa modestia, he de decir que yo siempre he sido muy atractiva físicamente, sobre todo en aquella época. Aunque iba a cumplir treinta, aparentaba *veintitantos*; estaba delgadita pero tenía formas muy sensuales. Mido 1,76, tengo unos ojos de color verde intenso y mis facciones desprenden feminidad. Siempre he llamado la atención de muchos hombres, y en aquella época eso me parecía importante.

Pero no solo éramos guapos y elegantes, sino que los dos teníamos un súper currículo profesional y disponíamos de un montón de dinero. Yo llevaba tres años viviendo en España después de un periplo internacional por Alemania y Suiza. En aquella época, aunque ahora los tenga bastante oxidados, hablaba inglés, alemán y francés con soltura.

Rodrigo y yo nos conocimos en una fiesta de becarios del ICEX. El ICEX es un organismo dependiente del Ministerio de Economía que apoya y promueve las exportaciones españolas internacionales. Por ello distribuye, después de una dura criba, a universitarios recién graduados por embajadas de todo el mundo, dando a estos chicos la oportunidad de empaparse de todo lo relativo a exportaciones y comercio exterior. Rodrigo había sido becario del ICEX en la Embajada de España en Washington, y yo había sido becaria en la Embajada de España en Berna cuando tenía 23 añitos. Al terminar la beca, me había quedado trabajando en Ginebra en una multinacional farmacéutica. Volví a España con 27 años, Rodrigo tenía 29.

Me lo presentó un colega que había sido becario en Moscú. Éramos los guapos de la fiesta y nos fuimos a casa de la mano.

Estuvimos tres años juntos; tres años que fueron un verdadero infierno.

Eso sí, un infierno *ideal de la muerte* ya que vivíamos en un piso de 1.000 euros en el centro de Madrid y no nos faltaba de nada en el plano material. Por aquel entonces, yo trabajaba de visitadora médica y ganaba bastante dinero. Rodrigo, por su parte, se defendía.

Recuerdo que en aquella época me compraba revistas femeninas profundamente banales y superficiales... y cuando no sabía qué hacer con mi vida iba al centro comercial y volvía a casa con siete bolsas llenas de ropa que había comprado casi sin mirar el precio. No estoy exagerando, así era mi vida.

Las fotos de viajes exóticos a playas maravillosas se sucedían en nuestro facebook para envidia de todo aquel que quisiese mirarlas. Éramos la viva imagen de la felicidad, aunque en realidad estuviésemos podridos por dentro y la infelicidad y el desamor reinasen en nuestros corazones.

Seguía dándole vueltas a la idea de que se me iba a pasar el arroz, que estaba a punto de cumplir treinta años y aún no me había casado. Pensé en presionar a Rodrigo para hacerlo, de hecho en alguna ocasión lo habíamos comentado, pero en el fondo de mi ser sabía que no tenía ningún sentido. Llevábamos más de un año languideciendo y se podía decir literalmente que apenas nos aguantábamos. No había complicidad entre nosotros y casi no teníamos cosas en común aparte de mantener las apariencias a nivel social y fingir una aparente normalidad.

Yo echaba de menos que me abrazasen, mi familia estaba en Asturias, a 450 km, y apenas tenía amigos en Madrid más allá de los conocidos y compañeros de trabajo. Rodrigo solo me tocaba cuando buscaba sexo, apenas me abrazaba y yo me sentía profundamente sola.

Creo que nunca en mi vida he estado tan guapa, tan joven, tan atractiva, con tanto dinero para gastar en la peluquería, en ropa y estilismos, pero la tristeza y la nostalgia se adivinaban en mi mirada… Creo que a mis compañeros de trabajo no les pasaba inadvertida mi insatisfacción, y mi falta de autoestima era obvia; excepto para mí, que estaba tan metida en mi película de intentar casarme antes de cumplir treinta años que no era capaz de ver el *percal* en el que estaba metida hasta el cuello.

Se sucedían las semanas y así pasó un año… y después llegó un segundo año. Recuerdo levantarme los sábados y sentirme desolada desayunando porque el fin de semana se me caía encima y yo no sabía, literalmente, qué hacer con mi vida. Recuerdo estar en la cocina delante del desayuno un sábado tras otro mientras Rodrigo todavía dormía, y pensar horrorizada qué diría todo mi círculo, mis amigas de toda la vida, si lo dejase con Rodrigo. ¿Qué pensarían de mí si de nuevo demostrase ser incapaz de mantener una relación con un hombre, que esta vez se había quedado a mi lado la ridícula cifra de tres años?

El llevar toda la vida programada para ser capaz de retener a un hombre a mi lado me estaba pasando una profunda factura emocional. Hacía lo indecible por mantener la relación: le compraba ropa, le pagaba viajes, le invitaba a cenar o a espectáculos… pero sobre todo me humillaba ante él, arrastrándome en busca de una muestra de afecto.

Recuerdo mis momentos de reflexión en la bañera, momentos en los que me planteaba dejarlo y pensaba: «¡Dios mío! Madrid, esta gran urbe de cuatro millones de habitantes y yo estoy sola. ¡No tengo amigos! ¡Si se va Rodrigo no tengo a nadie más! No puedo volver a Oviedo y admitir que he fracasado, que a pesar de todo el esfuerzo, toda la lucha y todo lo que he pasado; a pesar de mi experiencia internacional y de la pasta que gano… en el fondo soy una amargada».

Me ponía tan tensa solo de pensarlo que salía de la bañera como una exhalación a complacer de nuevo a Rodrigo, dispuesta a cualquier tipo de humillación a cambio de unas migajas de afecto.

Estas se fueron transformando en indiferencia, y con el tiempo en desprecio. La cosa llegaba a tal grado que mi madre, se dio cuenta de lo que me estaba pasando, pero no podía ayudarme porque su influencia era solo telefónica y yo me emperraba en aparentar normalidad.

Justo en esa época fue cuando comencé a engañarme a mí misma acerca de mi felicidad, contándome una y mil historias por las cuales mi vida era ideal, y que repetía dolorosamente cada vez que alguien intentaba entablar una relación personal conmigo más allá de la superficialidad.

Probablemente por esta razón tampoco conseguía tener amigos.

Rodrigo empezó a maltratarme, a despreciarme, a tratarme con absoluta frialdad. Principalmente, me ignoraba cuando estaba de buen humor y me insultaba y agredía verbalmente cuando estaba de mal humor.

Pero lo más desgarrador era su frialdad. La frialdad en su mirada y en la convivencia durante el último año. La frialdad con la que despreciaba todo lo que tenía que ver conmigo y cómo manifestaba abiertamente que le parecía una mierda de novia.

Pero él también se quedaba a mi lado y nunca daba el paso de dejarme.

En ese momento de mi vida yo me culpaba a mí misma. Me recriminaba cada uno de mis pequeños errores. Me sentía terriblemente mal cada vez que metía la pata; me sentía tan culpable, tenía tan poca autoestima y una falta de aceptación tan grande hacia mí que, sin saber muy bien cómo, se lo transmití todo al círculo de amigos y conocidos de Rodrigo. Este fue el condimento perfecto para la retroalimentación. En su círculo le decían que me comportaba de forma muy extraña, que era muy insegura, que me veían inestable… cuando no acababan diciéndole que qué hacía con una desquiciada como yo.

Estaba tan hecha polvo que no podía evitar ponerme a la defensiva, e incluso un poco agresiva, con las amigas de Rodrigo al verlas tontear abiertamente con él. Juego que, por supuesto, él alimentaba. Al final yo estaba tensa con todo su círculo y nunca conseguía ser yo misma.

La situación era tan insoportable que acudí a una psicóloga para que me ayudase, pero lo cierto es que no supo hacer nada por mí, o quizá no supe dejarme. Estuve unas horas allí contándole lo maravilloso que era mi novio y el enorme riesgo que corría de perderlo por mis inseguridades, salidas de tono y mi carácter endiablado. Creo que la psicóloga se olió que estaba sufriendo maltrato psicológico y en una ocasión me dijo: «Dile a tu novio que venga a verme, por favor. Me gustaría hablar con él». Rodrigo no llegó a ir, fui yo la que dejé de ir después de sucesivos intentos de autocrucifixión en el sillón del gabinete.

La idea de dejarlo comenzó a rondarme la cabeza, pero digamos que la tapaba y continuaba dándole vueltas a la ensoñación romántica de casarme, incluso se me pasó por la cabeza tener un hijo.

Ni siquiera era consciente de que se trataba de una estrategia para retenerle a mi lado, y afortunadamente no llegué a hacerlo. Fluctuaba entre el «quiero casarme y quiero tener un hijo» y el «soy una fracasada, quiero dejarlo».

Digamos que la boda se convirtió en mi objetivo vital básico, como toda princesa que se casa y después se limita a ser feliz y comer perdices.

Un día, una compañera de trabajo me enseñó una alianza de compromiso y, a las pocas semanas, inconscientemente, fui derechita al Corte Inglés y me compré yo también una alianza preciosa como la que me hubiera encantado que me regalase mi novio, lo cual nunca ocurrió.

Se acercaban los 30 y yo me sentía cada vez más perdida; de pronto tuve una idea feliz: hacerme unas fotos de estudio, un *book* en el que me pudiera sentir sexy, atractiva y sensual, todo aquello que hacía años había dejado de sentir, todo aquello de lo que carecía mi relación de pareja.

Y lo hice, me senté en un diván y realicé los mejores posados de mi vida. Desplegué toda mi belleza, y durante unas horas me sentí la mujer más atractiva de la tierra delante de los dos fotógrafos. Estaba buscando atención, toda la que no recibía en casa. Necesitaba sentirme atractiva y deseada. Todavía conservo esas fotos, aunque las observo con repelús, porque aunque son excelentes y estoy magnífica puedo percibir el dolor a través de ellas, hay algo detrás de la belleza que se cuela en ellas. Ese vacío que sentía mientras buscaba fuera lo que nunca me había parado a buscar dentro.

Los meses pasaban y ninguno de los dos tomaba la determinación de separarse. Permanecíamos inmutables, negándonos a reconocer nuestra infelicidad, aparentando normalidad ya que cada vez que nos quedábamos solos dolía tanto que preferíamos mirar hacia otro lado. Pasaban los años, y a medida que la monotonía se alternaba con una convivencia totalmente desprovista de amor, continuábamos nuestro contrato no explícito de mantener las apariencias, cubrir todas las necesidades materiales y continuar muertos en vida.

En una ocasión, me sentí viva tonteando por el facebook con un chico que me había gustado mucho cuando tenía 18 años, él era mayor que yo y tenía esa pose de chulito macarra que adoramos las mujeres cuando somos adolescentes. Ese toque de rebeldía tan característico de algunos hombres jóvenes, tan hermoso e inocente cuando se creen capaces de comerse el mundo por vestir mal y simular ser muy duros me provoca una profunda ternura. Volviendo al tema, la última vez que había visto a ese chico apenas tenía 18 años, habían pasado milenios, 12 años exactamente, y nos habíamos reencontrado gracias al facebook. Me acordé de nuestras inocentes «citas» en Oviedo. Un día nos habíamos besado, pero ni siquiera fue un morreo, solo un mísero pico, aunque los dos nos moríamos de ganas de dar rienda suelta al placer y al deseo más salvajes.

Nuestro actual flirteo era algo absurdo, totalmente platónico, porque yo era muy tradicional, y aunque no fuese feliz con Rodrigo «las normas son las normas» y una niña buena siempre lo es. ¿O era más bien una niña reprimida por los convencionalismos sociales? Ya hablaré de eso más adelante.

Así que seguí siendo fiel a mi novio mordiéndome las uñas cada vez que «El Nesto» (se llamaba Ernesto, pero todos lo conocíamos por *El Nesto* desde que éramos críos) se me acercaba. Me ponía cachondísima y deseaba fervientemente que me hiciera el amor.

Y un día pasó lo que tenía que pasar. En aquel momento, pensé que había sido una triste y desafortunada coincidencia, pero ahora doy gracias a la conciencia cósmica por ponerme en esa situación y por su enorme sabiduría.

Un día, sin darme cuenta, me dejé el chat del facebook abierto. He de decir que esta red social era algo así como mi ventana a la vida social, ya que las parejas «aparentemente ideales y profundamente infelices» también se caracterizan por su aislamiento, ingrediente fundamental para mantener el contrato de apariencias.

Así que dejé a la vista todo mi mundo social y cuando Rodrigo llegó de trabajar se encontró una conversación íntima de profundo tonteo entre *El Nesto* y yo.

Yo estaba en el barrio de Malasaña en una parrilla argentina comiendo grasientas costillas. Por aquel entonces, mi dieta no era ni saludable ni respetuosa con el medioambiente. Afortunadamente, a día de hoy, prácticamente no como carne y consumo sobre todo productos ecológicos. Mi nivel de conciencia en el plano alimentario era equivalente a mi nivel de conciencia a la hora de relacionarme en pareja.

Casualmente, aunque apenas tenía amigos ni vida social, había venido a Madrid un colega residente en Bruselas y nos habíamos ido a cenar con uno de sus amigos.

Estaba absorta, ensimismada en la cena, disfrutando, lo cual no era algo habitual por aquel entonces cuando de pronto sonó el móvil; casi se me atraganta la costilla del improperio que me soltó Rodrigo. Salté corriendo de la mesa, recuerdo que era una mesa alta con taburetes, e hice lo que pude para llegar a la calle tratando, con poco éxito, de que mis compis de cena no se enterasen de la conversación.

Rodrigo estaba colérico porque había leído mi conversación con *El Nesto*.

La novia de Rodrigo, el economista pijo de Madrid que había trabajado en Washington DC, tonteando con un macarra ovetense de barrio. *El Nesto* era el polo opuesto a Rodrigo y en aquel momento era justo lo que necesitaba…

Me despedí corriendo y me fui a casa a tratar de tranquilizarlo mientras escuchaba decir al amigo de mi amigo: «Cuando me entran ganas de tener novia y presencio estas cosas me doy cuenta de que es lo último que necesito».

Corrí, cogí el metro y entré por la puerta de casa con la lengua fuera y casi sin aliento. Nos peleamos, salieron disparados todos los reproches que llevaban meses reprimidos. Fue una explosión emocional. Acabé encerrada en el baño llorando después de que Rodrigo me lanzase un cenicero. Me encerré porque de repente tuve miedo de que me agrediera físicamente. No tengo ni idea de si finalmente lo hubiera hecho, lo que sí sé es que el hilo del que pendía nuestra más que muerta relación se extinguió definitivamente aquel día.

2
Naranjas completas

E STA ES LA BASE fundamental de mi trabajo sobre la pareja. Vivimos en una sociedad que alimenta intensamente el mito de la media naranja; crecemos con los cuentos del príncipe y la princesa, con esa maravillosa Cenicienta, dulce, humilde, abnegada y desolada por el infortunio que se salva gracias a la aparición de un maravilloso y apuesto príncipe.

Nos cuentan que el matrimonio es idílico, aunque ya intuimos, fijándonos en nuestras madres, que la realidad no es tan ideal como afirman los cuentos.

Aderezamos ese objetivo aspiracional con San Valentín, el romanticismo y *Pretty Woman*.

Soñamos con que un día aparecerá esa media naranja que nos complete y por fin podremos ser felices.

Es como si en la tarta de la felicidad el ingrediente fundamental fuese la pareja, ingrediente gracias al cual podemos comenzar a ser felices. La pareja se presenta como el objetivo fundamental básico para la felicidad.

El acervo sociocultural se encarga de adornar el pastel, y se considera exitosas a las personas casadas y con una relación larga, y fracasadas a las personas solteras. Especialmente si eres mujer y mayor de 35 años, pasas a formar parte del club de las solteronas a las que se les ha pasado el arroz, el exponente máximo del fracaso de la feminidad, mujeres que no han sido capaces de retener a un hombre a su lado, y por lo tanto incompletas.

Crecemos en una cultura de culto a la imagen que penaliza especialmente a la mujer, que tiene que estar siempre estupenda, dispuesta y atractiva. Esto lo demuestran los millones de euros que factura anualmente la industria de la cirugía estética. Estas exigencias se imponen incluso a las mujeres que acaban de parir, y para ellas existen clínicas que ofrecen un sinfín de tratamientos de belleza posparto. Todo con tal de lucir hermosas para nuestros hombres; o para nosotras mismas, que con nuestras inseguridades no nos perdonamos ni una mísera arruga.

En la adolescencia yo era un culo inquieto; estaba ávida de vivir nuevas experiencias, de conocer mundo y de salir de la ciudad conservadora (con un puntito rancio) en la que me había criado. Y yo, que rebosaba ganas de ver cosas diferentes, me encontraba con que mi abuela me aconsejaba que no saliese tanto de casa, y me reprochaba que si seguía saliendo tanto iba a estar más vista que la *xata de feria*, (expresión asturiana para describir a la ternera de muestra, ganadora de un galardón en las ferias de ganado, que se pasea de feria en feria).

Era la manera que mi abuela tenía de protegerme, preocupada de que su nieta consiguiera alcanzar el objetivo, lograra casarse con un hombre de provecho y de este modo culminara una de las máximas de la feminidad.

No somos conscientes de que vivimos en una cultura de sometimiento, enfermiza para las mujeres y también para los hombres. Tampoco debe de ser nada fácil tener que ser un príncipe, ir a salvar a alguien y tener que responsabilizarse de su bienestar, especialmente si tenemos en cuenta que los seres humanos tenemos serias dificultades para responsabilizarnos de nosotros mismos.

Es surrealista, pero hemos creado una locura colectiva en la cual para ser felices necesitamos al otro.

«No te preocupes, aquí estoy yo para hacerte feliz».

No tengo ni puñetera idea de por dónde empezar conmigo mismo, pero me meto en camisas de once varas pretendiendo ser capaz de hacer feliz al otro.

No sé responsabilizarme de mi propio bienestar pero me invento el cuento de que puedo hacer feliz a alguien. Curiosa paradoja, curiosa locura a la que jugamos todos los seres humanos.

Jugar a ser medias naranjas y a completarnos, un juego absurdo que dura unos meses, a lo sumo unos años, y que siempre acaba en fracaso.

La cuestión es que en la mayoría de parejas «largoplacistas» los miembros están tan habituados el uno al otro que por no enfrentarse a la soledad, a asumir su supuesto fracaso, al qué dirán, al aburrimiento o al miedo a los problemas económicos, a los hijos, a la hipoteca y a la inercia, sencillamente se acomodan y se aguantan sin realmente quererse.

Lo más atroz es que mientras estamos esperando a que aparezca nuestra media naranja, nos olvidamos de ser felices porque depositamos toda nuestra felicidad en un acontecimiento externo que no depende solo de nosotros.

Es horrible, un ser humano inconsciente esperando a que pase algo para poder ser feliz.

Un ser humano: potencialidad pura, inmensidad, grandeza, divinidad esencial, la creación más poderosa de la Tierra… depositando toda su felicidad en manos de un salvador, de un acontecimiento externo, de que alguien venga a completarle; es decir, cediendo todo su poder.

Y nos pasamos los catorces de febrero esperando que alguien nos llame, nos mande un mensaje o, con suerte, unos bombones.

Es esperpéntico, alienante y enfermizo. La inmensidad identificándose a sí misma como un ser pequeño y limitado que necesita a alguien para ser feliz.

Nuestro gran problema es que nos lo hemos creído. Somos tan infinitamente poderosos que manifestamos una realidad física que solo es fruto de nuestras creaciones, y hemos creado una sociedad, de Oriente a Occidente, de Norte a Sur, basada en la creencia limitante de que necesitamos a otro para ser felices.

Nadie va a venir a hacernos felices.

El tema es aún más complejo: no hemos aprendido a conocernos a nosotros mismos, apenas hemos avanzado en nuestro autoconocimiento, no reconocemos nuestras necesidades, no tenemos ni puñetera idea de lo que nos hace felices, y desde la más absoluta inconsciencia estamos esperando a que alguien venga a hacernos felices.

Somos una naranja completa, ya lo somos, no hay nada que tengamos que hacer o conseguir.

El problema surge cuando nos empeñamos en ver a un ser tan grandioso como el ser humano, un ser inabarcable e indefinible al que los psicólogos, filósofos, médicos, científicos, antropólogos y sociólogos llevan tratando de definir desde el principio de los tiempos sin llegar a ningún resultado concluyente; un ser inmenso que es potencialidad pura y una expresión de la divinidad, como un ser carente e incompleto que necesita a alguien para ser feliz.

Somos seres poderosos, tanto que podemos crear la realidad con nuestro pensamiento y nuestro sistema de creencias, por eso nos hemos creído esta idea, hemos creado ese mundo y nos vemos a nosotros mismos como medias naranjas, empeñados en ceder nuestro poder una y otra vez.

Depositamos nuestra felicidad en que ocurra un acontecimiento externo y que alguien aparezca para hacernos felices; algo que no va a ocurrir nunca ya que la felicidad es un trabajo individual, lo que no significa que no puedas compartirla con alguien, y como dos naranjas completas rodar juntas.

Pero, mientras estás esperando a que alguien venga a hacerte feliz, no estás conectando con tu poder, no estás asumiendo tu grandeza y estás llenando tu vida de basura.

Cuando digo que somos una expresión de la divinidad, lo digo en serio. Somos creadores, y si simplemente nos dedicamos a esperar que pase algo para poder ser felices, no estamos ejerciendo nuestro poder ni estamos siendo quienes de verdad somos... y, por eso, nadie llega.

Cuando estamos esperando que alguien venga a hacernos felices, nos estamos negando a nosotros mismos, estamos desconectados de nuestra fuente de poder y de nuestro centro, y por ello estamos eligiendo sufrir.

Imagínate que eres tenor de ópera, pero estás siempre esperando que alguien aparezca para cantar por ti en lugar de subir a un escenario y desplegar todo tu potencial. Dentro de nosotros existen innumerables recursos para ser felices, pero nos empeñamos en no ponerlos en práctica.

Imagínate que eres conductor de Fórmula 1, pero siempre estás esperando que alguien te recoja en autostop. Eres Fitipaldi, pero como te ves a ti mismo como un pobre autostopista sin carnet de conducir te limitas a hacer dedo en lugar de conducir un bólido a 300 por hora.

¿Qué otro ejemplo puedo ponerte?

Uno muy claro es el del patito feo, que mientras espera que le reconozcan y aprueben ignora que en realidad es un cisne majestuoso y bello. Todos somos cisnes, pero no nos lo creemos.

Desgraciadamente, tenemos un sistema de creencias obsoleto que nos transmite todas estas ideas desde que somos niños, así que buscamos a alguien y esperamos a que aparezca, ajenos a las inmensas potencialidades y recursos que tenemos en nuestro interior.

3
Aprender a amarme

UNA VEZ QUE ACEPTAMOS que nuestra felicidad no depende de ningún acontecimiento externo, ¿qué podemos hacer?

Lo primero es darnos la enhorabuena, ya que aceptarlo implica un gran paso en el despertar de la conciencia:

Mi felicidad depende única y exclusivamente de mí.

Si consigues asumir esto, podrías dejar de leer este libro ahora mismo, porque si logras integrar esta frase en tu conciencia, ya habrá merecido la pena. Puedes pasar un día entero repitiéndola como si de un mantra mágico se tratase, una y otra vez, porque esa frase te lleva a responsabilizarte de ti mismo: lo más importante a lo que puede aspirar un ser humano.

Una vez que lo has interiorizado surge la pregunta: ¿Y por dónde empiezo a ser feliz?

La respuesta es muy simple y a la vez muy compleja. Al primero al que debo aprender a amar es a mí mismo, y una vez lo haya hecho, podré amar a otras personas, ya que no puedo dar lo que no tengo. Si no he aprendido a amarme a mí mismo, es imposible que pueda amar a otros; puedo ayudarles, hacerles favores, hacer concesiones, esforzarme por agradarles, etc., pero si no me amo a mí mismo, es imposible que los ame… Estaré haciendo cosas compulsivamente por los demás en busca de aceptación, aprobación o reconocimiento.

Estaré, como hacen muchas personas, mendigando amor a cambio de mis esfuerzos; deseándole un espléndido día a alguien, cuando en realidad solo estoy demandando atención; mandándoles mensajes a mis amigos interesándome por ellos, cuando en realidad estoy tratando de despertar interés hacia mí. Estaré haciendo favores a mis allegados y ayudándolos, cuando en realidad solo me estoy ayudando a mí mismo porque necesito sentirme importante para ellos. O estaré colaborando con diversas ONG para encontrar el reconocimiento que no siento por mí mismo.

De forma inconsciente, estaré mendigando amor en sus múltiples variantes mientras mi parte consciente se autoengaña contándose la película de que soy muy bueno y hago muchas cosas por los demás; cuando en realidad estoy manipulando a las personas en una búsqueda infructuosa de amor, porque el amor, cuando se busca fuera, nunca llega.

Eso sí, me dedicaré a criticar ferozmente a esas personas empoderadas que hacen con sus vidas lo que les place y que no viven mediatizadas por los demás en esa búsqueda infructuosa de amor, aprobación o reconocimiento. Sin saber muy bien por qué, me pondrán nervioso y pensaré que son unos egoístas que solo piensan en sí mismos.

No soy consciente de que esas personas a las que llamo egoístas están en condiciones de amar a los demás porque les sale del corazón, porque están llenos de amor hacia sí mismos y pueden amar natural, generosa, espontánea y entregadamente a los demás sin esperar nada a cambio. Sin manipulaciones ni chantajes emocionales… Porque han aprendido a amarse y de ese modo saben amar a otros.

El amor surge de forma espontánea y natural cuando doy sin esperar nada a cambio. Pero solo ocurre cuando el consciente y el inconsciente se alinean, cuando estoy rebosante de amor por mí mismo y así puedo destilar amor e ir repartiéndolo de forma natural, sin sacrificios.

Un sabio maestro afirmaba: «Ama al prójimo como a ti mismo»; pero lo hemos entendido mal, solo nos hemos preocupado de la primera parte. La paradoja es que, si previamente no hemos aprendido a amarnos a nosotros mismos, no podremos amar a nadie.

Cuando aprendes a amarte es cuando realmente amas a los demás y les brindas toda tu esencia y grandeza.

Cuando aprendes a amarte comienzas a vivir sin miedo, dejas de hacer concesiones locas y te permites ser natural y actuar de corazón, no buscando afecto, reconocimiento o aceptación.

Cuando aprendes a amarte, dejas de juzgarte y a su vez dejas de juzgar a los demás. Cómo juzgas a los demás es un reflejo de cómo te juzgas a ti mismo.

Cuando aprendes a amarte, aceptas que a veces cometes errores y que no te mereces ser tan duro contigo mismo. Puedes arrepentirte y proponerte hacerlo mejor la próxima vez, pero ya no pasarás días fustigándote, arrepintiéndote y sintiéndote fatal.

Cuando nos amamos a nosotros mismos, la única opción es la aceptación plena de todo lo que nos pasa y continuar caminando hacia una mejor versión de cada uno de nosotros.

¿Y cómo aprendemos a amarnos?

Primero hay que tomar conciencia de que la construcción de la autoestima es un trabajo que no acaba nunca. Cuando empiezas a recorrer el camino de la construcción de la autoestima, te das cuenta de que este dura toda la vida, es un camino que te acompaña siempre, que nunca se acaba. Al principio parece escabroso, empinado, difícil; estrecho y largo. Pero con el tiempo se transforma en un camino llano, ancho, hermoso, rodeado de acontecimientos y circunstancias mágicas. Es un camino de belleza y experiencias cumbre, un camino que es la vida misma, el juego de la vida, y que podrás transitar por puro placer desde el fluir y el agradecimiento. Un camino que termina el día que te mueres… o no… ¿Quién sabe?

Estoy convencida de que somos eternos; pero desconozco si el ego nos acompaña al otro lado, aunque quiero pensar que no.

Una vez nos disponemos a recorrer ese camino, el eje central de la autoestima es la aceptación.

Me acepto tal como soy, acepto mi dualidad, acepto que en mí hay una parte de luz y una de sombra, porque esta es la naturaleza de los seres humanos. La dualidad es intrínseca a la condición humana y debo aceptar que eso también forma parte de mí. La ira, la envidia, la rabia, el resentimiento, la frustración, la impotencia, la tristeza, la pena, la inseguridad y todos los demás derivados del miedo son emociones humanas que están dentro de mí y de todos nosotros, de modo que las acepto como parte de mi naturaleza.

«La curiosa paradoja es que cuando me acepto tal cual soy, entonces puedo cambiar». Carl Rogers

Yo veo en mi consulta a personas con la autoestima destrozada que están deseando cambiar, que quieren mejorar a toda costa y se dedican a preguntarle a todo el mundo qué es lo que pueden cambiar o mejorar en sus vidas.

Es absurdo, pero se están sometiendo a juicios y proyecciones ajenas, y desde esa falta de amor hacia sí mismos no van a encontrar ninguna respuesta.

En primer lugar, acéptate tal cual eres, deja de intentar cambiar, deja de intentar agradar a los demás, limítate a ser tú. ¡Sé tú!

Acepta que en ti hay luces y sombras, o lo que vulgarmente se conoce como virtudes y defectos; no pasa nada, es algo inherente a la condición humana. En todos nosotros hay una parte de sombra, y uno de nuestros problemas es que juzgamos esa sombra como mala, y la reprimimos.

La escondemos, la cerramos a cal y canto, no queremos que nadie la vea; pero, paradójicamente, cuando intentamos ser «buenos» y reprimimos nuestra sombra, esta nos come por dentro y sale disparada a borbotones; continúa tomando el control de nuestras vidas cuando nos emborrachamos, cuando llegamos a casa y estamos con nuestros seres queridos o cuando perdemos el control de nuestros actos.

Pretender que no está y no mirarla, solo la alimenta. **Aceptar que tengo un lado oscuro es el primer paso para integrarlo**; integrarlo implica mirarlo, asumir que también forma parte de mí y dejarlo salir poquito a poco, aceptar su presencia y aceptar que no es malo en sí mismo, que está en mí y que a veces, cuando me pongo rabiosa, exigente o iracunda con alguien, es mi sombra la que está actuando.

No encierres a Mr. Hide en una jaula ya que cuando sale de ella es un loco. Que el Dr. Jeckyl y Mr. Hide vayan de la mano, de modo que a Mr. Hide no le quede más remedio que animar al Dr. Jeckyl a que brille. Haz que se conviertan en un equipo.

No reprimas tu sombra, si la reprimes la alimentas; obsérvala, observa qué situaciones la desatan y pregúntate a qué tienes miedo. Siempre que la sombra sale a flote es porque el miedo está presente.

Dejarla salir es una manera de darle luz.

Cuando identificamos que la sombra ha salido y que es la que nos ha movido a actuar así, podemos arrepentirnos brevemente y tratar de identificar el por qué, de modo que cada vez vaya teniendo más luz al reconocerla como parte de mí y de ese modo ir trascendiéndola.

Pero lo que nunca haré es sentirme culpable. El que se instala en la culpa es el ego.

La culpa nos lastra, nos merma, nos encoge y nos hace polvo. La culpa no nos sirve para nada y nos impide crecer.

Todos tenemos un gran enemigo interno que es el que sabotea nuestros intentos de ser felices: el ego. **La culpa es una gran aliada del ego.**

4
¿Qué es el ego?

COMÚNMENTE CONFUNDIMOS el ego con la soberbia o la prepotencia, pero el ego no tiene nada que ver con eso, **el ego es la parte de nosotros que no es real.**

La esencia de todos y cada uno de nosotros es el amor. Todos somos pura belleza en esencia, seres grandiosos y magníficos, esa es nuestra naturaleza esencial: el amor.

El amor, la conexión, la unión o la creatividad. Todos formamos parte de un mismo ser que conocemos por el nombre de «Dios».

Un día, una parte de Dios decidió dividirse y jugar a ser lo contrario de lo que en realidad era, de modo que se multiplicó en lo que vulgarmente se conoce como los hijos de Dios y jugó a ser otros.

Esa parte dividida juega a ser lo contrario de lo que en realidad es, y aburrida de estar en el eterno amor, paz y trascendencia no se le ocurre mejor idea que inventarse un programa contrario a su esencia con el que poder experimentar los opuestos. Es un programa coherente, tan coherente como su propia esencia, pero contrario a ella.

Y de igual modo, los hijos de Dios deciden negarse a sí mismos e inventarse un mundo ilusorio donde jugar a ser exactamente lo contrario de lo que en realidad son.

Como Dios es amor, esa parte dividida decide jugar a ser miedo; como Dios es paz, esa parte dividida decide jugar a ser sufrimiento, y así sucesivamente… al fin y al cabo al principio solo era un juego. Allí donde estaba Dios en la paz y el amor más absolutos, el juego parecía divertido, dentro de la eternidad solo duraba un nanosegundo o ni eso, porque en la eternidad el tiempo no existe y todo es una superposición del instante presente; de modo que parecía divertido inventarse un ego que era una programación contraria a la real. La real se basaba en el amor, el ego se basaba en el miedo, de modo que inventarse un ego para percibirse como separado sonaba muy divertido, era como inventarse una ilusión donde jugar a estar separados y tener miedo unos de otros, donde los egos se pudieran atacar… sí, sonaba divertido.

En ese juego ganaba el que recordaba su naturaleza esencial y volvía a casa experimentando de nuevo el amor, ese amor esencial que era lo único real en él.

La cuestión es que jugando a ese juego nos hemos olvidado de quiénes somos realmente, de que somos Dios experimentándonos a nosotros mismos.

Nos hemos olvidado de que esto es una **ilusión**.

Y lo más importante, nos hemos identificado con ese programa contrario a nuestra naturaleza que es el ego. El ego es un sistema de creencias basado en el miedo.

Nos hemos convertido en egos con patas, y tenemos mucho miedo.

Nos hemos olvidado de las reglas del juego y hemos sufrido sin parar.

Un día, comencé a recordar esas reglas y a darme cuenta de que no era la única que las estaba recordando.

De hecho, cuando yo comencé a recordar, había cientos de libros y películas que daban pistas del juego. Una de ellas era *Matrix*.

Me gusta equiparar este mundo con *Matrix* porque este mundo tampoco es real, mi ego no es real, Guadalupe no es real... y lo único real es Dios, que es mi esencia y la de todos.

Entonces comprendí que no era suficiente con que yo despertase y recordase las reglas del juego, que como todos estábamos interconectados y la separación solo era una ilusión del ego, era necesario un despertar colectivo para que pudiéramos anular la ilusión y regresar a la fuente; todos juntos. O todos o ninguno.

Empecé a comprender las palabras de Jesús, a eso se refería cuando hablaba de juicio final. Para mí, la iglesia católica solo había entendido una parte del mensaje y había tergiversado otra. El juicio final es el fin de los juicios, el fin de la percepción errónea, el fin de la ilusión, consiste en dejar de percibir este mundo como real.

Y comprendí el significado de la parábola del hijo pródigo.

El hijo pródigo decide largarse en busca de aventuras y para eso se inventa un ego, un programa de separación y negación de su esencia divina.

Su padre, Dios, la fuente, en ningún caso participa en la aventura de su hijo, pero no la desaprueba, sabe que solo son ansias de experimentar y que su hijo está a salvo en la ilusión que ha creado, ya que al fin y al cabo es solo eso, una ilusión.

La fuente está esperando con los brazos abiertos a que su hijo decida volver a casa, en ningún momento se ha tomado en serio la ilusión, ya que sabe que si lo hiciera, esta se convertiría en real, por eso prefiere obviarla y no prestarle atención, simplemente espera a que su hijo decida volver a casa.

Vaya, ahora todo tiene sentido.

Me acuerdo de mi amiga Mercedes y de como cuando éramos niñas me decía que ella no creía en Dios, porque ¿cómo podía existir un Dios si había guerras, asesinatos, violencia e innumerables formas de sufrimiento?

Yo le respondía intuitivamente que quizás era cosa nuestra, aunque no entendía muy bien qué era lo que quería decir.

Ahora lo entiendo. ¡Por fin entiendo el sentido de todo esto!

Dios no tenía nada que ver, Dios nos había creado y nosotros habíamos elegido, como el hijo pródigo, irnos de casa.

Habíamos fabricado un ego *cabrón*, un programa contrario a nuestra verdadera naturaleza, y habíamos elegido libremente experimentar el no-amor o miedo, y la no-paz o sufrimiento.

¡WOW!, toda la responsabilidad recaía en mí, bueno en mí y en todos los seres vivos ya que en realidad éramos el mismo ser, dividido, experimentando la ilusión.

¡Ahora todo cobraba sentido! Dios no era cruel y no juzgaba, no había normas ni mandamientos, éramos nosotros solitos los que nos habíamos metido en este embrollo.

No obstante, existía un plan de Dios para la salvación, y en ese plan estaban incluidas todas las piezas. Era un plan para anular la ilusión, sanar nuestras mentes y llevarnos de vuelta a casa.

Había un emisario: «el espíritu santo», que podía penetrar en nuestras mentes y restablecer su cordura, deshacer el ego demente de forma paulatina.

Él nos podía ayudar a reconectarnos con nuestra esencia divina y a utilizar nuestros egos-personajes al servicio de Dios y de su plan para volver a casa.

Comprendí que era necesario que fuéramos libres, que eligiéramos libremente escuchar la voz de Dios en lugar de escuchar la voz del ego.

Para ello, debíamos decidir conscientemente dejar de tratar de solucionar las cosas por nuestra cuenta, asumir que no teníamos ni puñetera idea de cómo sanar este mundo y alinearnos con la voz del espíritu santo para dejar que Dios actuase a través de nosotros, ya que Dios no intervenía directamente, sino a través nuestro, y cuantos más de nosotros estuviésemos alineados con el espíritu, o lo que es lo mismo, desempeñando nuestra función, antes volveríamos a casa después de haber trascendido nuestro ego y nuestros respectivos personajes.

¡WOW! Entonces recordé que esto también lo había hecho intuitivamente. Cuando decidí dejar mi trabajo en una multinacional farmacéutica, hice una invocación y dije: «Me pongo en manos del universo para que haga conmigo lo que quiera». Traducido a otras palabras lo que dije fue: «Elijo la voz de Dios, la voz del espíritu santo para que actúe a través de mí».

A las dos horas de esta invocación, me despidieron.

Después, mi vida ha ido dando vaivenes, porque en muchas ocasiones seguía escuchando la voz del ego y tratando de solucionar las cosas por mi cuenta, pero ya había encontrado mi camino, mi misión: despertar conciencia.

Hablar de «ayudar a los demás» no me gusta tanto, porque en ocasiones cuando los estamos ayudando no los estamos empoderando.

Yo me siento llamada a recordarles quiénes son realmente: esos seres invulnerables e infinitamente poderosos que pueden decidir crear desde su esencia divina, en lugar de creerse las fabricaciones de su ego y seguir perpetuando esta ilusión.

Una vez que lo recuerdan y se empoderan, dejan de necesitar ayuda. Solo el ego necesita ayuda, el ser es omnipoderoso, infinito y omnisciente, **el ser es Dios.**

5
El sistema de creencias

EL SISTEMA DE CREENCIAS del ego es el predominante en nuestra sociedad y está basado en la ausencia de amor, o lo que es lo mismo, en el miedo.

Siempre nos dice que estamos en peligro, que todo es amenazante, que hay escasez... nos avisa de todos los posibles peligros y conflictos.

Cree que el mundo es un lugar hostil y que nos tenemos que defender. El ego cree en la separación y en el cuerpo. Cree que esto es real y que cualquier cosa es amenazante. El ego no sabe que somos eternos y tiene mucho miedo a la muerte.

El ego solo ve escasez y competencia, cree firmemente en la escasez y en que los recursos son limitados.

Al ego le encanta la culpa, se instala cómodamente en la culpabilidad y allí se recrea a sus anchas.

Al ego le encantan los juicios y proyecta su culpabilidad inconsciente juzgando a los demás.

Como no es capaz de integrar su miedo y su sombra, el ego es experto en ver cosas negativas en los demás, en percibirlos como imperfectos y juzgarlos. Como decía Jesús: «Vemos la paja en el ojo ajeno y no vemos la viga en el propio».

Al ego también le encanta «tener que»: tengo que estudiar, tengo que salir a correr… No hace nada porque le guste o le apetezca, lo hace todo desde el miedo, porque lo tiene que hacer para así convertirse en alguien a quien los demás quieran y reconozcan.

El ego siempre está buscando fuera porque no sabe quererse y piensa que tiene que hacer muchas cosas para estar a salvo, para que lo reconozcan y le quieran.

El ego tiene la necesidad de ser especial, por eso le encantan las relaciones de pareja, ¡le flipan!

Porque las relaciones de pareja son relaciones especiales, ¡el ego en su salsa!, campando a sus anchas.

Todo lo que ves es un reflejo de tu sistema de creencias, es la realidad que estás creando. Y todo aquello que parece real, hasta científica, empírica y estadísticamente demostrado y contrastado, puede ser mutado en el momento en el que un número «N» significativo de personas decida pensar de otra manera.

¡WOW! No puedo parar de decirlo. **Tenemos el poder de transformar nuestra realidad, la física cuántica y la espiritualidad se están encontrando** y este mundo que hasta ahora habíamos descrito y explicado desde teorías inamovibles y deterministas se puede caer en el mismo momento en el que dejemos de creer en él.

El «SER» es nuestra parte esencial, nuestra auténtica naturaleza, el amor que somos, nuestro ser es Dios.

Nuestro ser sabe que no tiene que ser especial, que no tiene que ser nada, que ya es y que todos somos iguales.

El ego compite, se compara, **el ser simplemente es,** y cuando estamos en el ser no necesitamos ser mejores o peores que nadie, simplemente sabemos que no estamos separados y que somos.

Somos eternos, omniscientes, todopoderosos e infinitos.

¡WOW!

Así que al final va a ser que en realidad somos naranjas completas.

El ser no hace nada porque debe, sino que disfruta, goza y hace las cosas desde el «quiero».

El ego se siente limitado, piensa que las cosas son difíciles y solo quiere sobrevivir. En ocasiones es víctima, en otras es verdugo; siempre interpreta diferentes personajes en función de lo que le diga su programa. Se siente carente y vive dramas. Tiene la necesidad de tener razón y establece alianzas con otros egos para que le den la razón.

El ego controla, le gusta controlarlo todo porque tiene mucho miedo.

El ser sabe que todo está bien, que todo es perfecto, y sencillamente fluye con la vida, con absoluta libertad y ligereza; siente paz, no quiere cambiar a nadie y se siente uno con el todo. Tampoco se quiere cambiar a sí mismo, simplemente es, ya está bien, no hay nada que cambiar, que conseguir o mejorar.

El ser sabe que los recursos son infinitos y que puede confiar en la vida, sabe que la vida le proveerá de todo lo que necesita y que puede relajarse y soltar el control. El ser ama, es alegre y feliz. Se responsabiliza de su vida y sabe que tiene el control y el poder sobre todo lo que le va a ocurrir, así que fluye soltando ese control.

El ser ama incondicionalmente, no necesita relaciones especiales. Tampoco necesita resultados, su valía es intrínseca. No necesita relaciones especiales para sentirse digno de amor porque ya sabe que es amor.

El SER ama incondicionalmente a todos los seres ya que sabe que todos somos dignos de amor e inocentes, que cuando actuamos malintencionadamente es porque estamos eligiendo la voz del ego y lo hacemos desde la inconsciencia, movidos por el miedo, pero el ser sabe que esencialmente todos somos inocentes.

Jesús en la Cruz al ver llorar a su madre y a san Juan les dijo: «Hijo, ahí tienes a tu madre, madre ahí tienes a tu hijo», y se refería justo a esto… El amor es algo que va más allá de relaciones especiales, es algo que las trasciende. Es un sentimiento universal que al sentirlo verdaderamente puedes extender al que tienes enfrente, no necesitas que sea tu amigo, tu novio o tu padre; **simplemente lo amas por ser.**

Al ego le encanta el pronombre posesivo para referirse a otros cuerpos «Mi padre, mi madre, mi hermano, mi novio». *Míooooooossss* y especiales.

Todos tenemos un ego enorme, no solo los políticos, y por supuesto yo me incluyo. Pero qué bueno es comenzar a verlo e identificarlo, y tomar conciencia de que ese señor que me sirve un café es exactamente igual de digno de amor que mi hermoso hijo de cinco años.

Amarse a uno mismo es aceptar que en mí coexisten ambos sistemas de pensamiento, igual que en todas las personas, aceptarme tal cual soy y a partir de ese punto comenzar a construir mi autoestima. A lo largo del libro continuaré desarrollando cómo hacerlo, pero de momento voy a seguir contándote mi historia.

6
Mi flamante nuevo novio

HABÍAN PASADO DOS MESES y había tomado la decisión en firme de por fin terminar mi relación con Rodrigo.

Lloraba por las esquinas muerta de pena. Lo más frustrante de todo es que a pesar de lo mucho que me había resistido, a pesar de todos mis intentos por que nuestra relación durase, no había sido capaz de conseguirlo. Me sentía una fracasada, había sido incapaz de consolidar una relación a largo plazo, una relación para toda la vida, para siempre, que era lo que yo más anhelaba en este mundo.

Por aquel entonces, no sabía que la resistencia a los procesos naturales de la vida genera el sufrimiento y que nuestra ruptura era en realidad una gran victoria, un proceso natural necesario para la expansión de ambos, a pesar de que yo la vivía como estrepitoso fracaso. Estaba muerta de miedo ante la perspectiva de vivir sola, pensando que iba a ser de mí sin él, pensando en lo mucho que lo necesitaba.

Yo apenas conocía gente en Madrid, había focalizado toda mi vida en mi pareja y casi no me había preocupado de mí misma. Durante esos tres años de noviazgo tuve serias dificultades a la hora de establecer relaciones de amistad, y los amigos que tenía antes de conocer a Rodrigo eran de otras ciudades, ya que antes de nuestra relación yo había vivido en Ginebra, en Berna y en Oviedo. Pasé mis primeros tres años en Madrid a su lado, centrada en acercarme a ese estándar tan deseable, a lo socialmente aceptado y preestablecido, a una relación de pareja ideal.

A pesar de que mi relación no funcionaba, yo perseguía quimeras y quería casarme, consolidar la pareja a toda costa.

Estaba dispuesta a hacer lo que fuera con tal de acercarme al patrón, ser socialmente aceptada y tener éxito. Todo esto lo hacía de forma inconsciente porque evidentemente por aquel entonces aún no era capaz de hacer todos los razonamientos que ahora expongo aquí.

Me aterraba la soledad, pensar qué iba a ser de mí completamente sola en una ciudad tan grande. Con mi familia a 450 km y habiendo cumplido los 30 me sentía mayor, frustrada y fracasada. Nunca pensé que encontrar un príncipe fuese tan difícil; por aquel entonces, todavía me creía el cuento que me habían contado.

No era capaz de retener a un hombre a mi lado.

Tuve bastante suerte porque encontré una casa preciosa, amueblada con mucho gusto, a la que me mudé. Me compré una planta, una gardenia, y la llevé a mi nueva casa, estaba llena de flores blancas. Era como una premonición de mi futuro estado mental, de la plenitud y felicidad que se avecinaban.

Me pasaba los días llorando y casi sin comer; incluso en una ocasión me puse a llorar en medio de una cena de médicos en el hotel Wellington. Afortunadamente, el jefe de servicio de hospital Gregorio Marañón era un hombre entrañable que al verme sufrir me dijo que me fuera a casa y no permitió que la historia trascendiera ni me perjudicara profesionalmente. Pagué la cena, claro, porque estaba currando, y me largué. Ese día me hinché a llorar, ese y el siguiente y el siguiente… Creo que lo que más me fastidiaba no era la ruptura en sí, sino que a pesar de mis arduos esfuerzos, a pesar de todo lo que había luchado, no había conseguido que esa relación funcionase. Eso me ponía furiosa y me quemaba por dentro: a pesar de todos mis esfuerzos no había conseguido una relación para toda la vida. Mis amigas se casaban y tenían relaciones duraderas y yo había sido incapaz de lograrlo.

Lloraba y lloraba, inconsciente de que la vida, en su infinita sabiduría, me estaba llevando a enfrentarme a mi miedo a la soledad, que la ruptura era un *regalazo*, una gran victoria. Me aterraba verme sola en Madrid con un trabajo tan solitario como el de visitadora médica, donde no había convivencia con los compañeros, solo servilismo de cara a los médicos, en una ciudad enorme, sin amigos y con mi familia tan lejos.

En esa temporada, de pronto, me ocurrió algo mágico, un amigo asturiano estaba de paso en Madrid y me pidió que le acompañara a un concierto de *hardcore-punk*, nada más y nada menos que del grupo Biohazard. Biohazard es una banda neoyorquina, macarra donde las haya, que por algún raro devenir del destino se había hecho bastante popular en los sectores más alternativos de mi ciudad, en los 90. Yo la había escuchado en mi adolescencia, y era bastante sanador para una treintañera perdida en la vida tener un plan adolescente. Aunque, para ser sincera, tampoco es que hubiera muchos otros planes compitiendo con el plan de revivir la adolescencia ya que mi vida social era escasa, por no decir inexistente.

No sabía qué ropa ponerme, mi armario estaba plagado de ropita mona, *chic* y cara, y en el escenario de un concierto *punk revival* de los 90 no pegaba mucho, la verdad. Así que buscando y buscando acabé por encontrar una *cami* de esa época; la tenía guardada para hacer deporte porque le tenía cariño. En el pecho ponía: «Asturies hardcore» y un emblema de la revolución que protagonizaron los mineros asturianos en 1934 en contra del poder y del sistema político. Me parecía de lo más molón, era roja y daba *el cante*.

Así que fui al concierto a intentar pasármelo bien.

Todavía estaba muy tocada, pero el concierto me distrajo y durante el tiempo que pasé con mi amigo recuperé la sonrisa y mi antigua espontaneidad.

Me llevé una sorpresa al llegar al concierto y encontrarme con unos asturianos que al verme la camiseta me saludaron entusiasmados. Eran unos chicos encantadores de L'Entregu, la cuenca minera asturiana, sus antepasados eran los protagonistas del emblema reivindicativo de la camiseta y, aunque mis antepasados eran mayoritariamente del otro bando, tuve a bien no mencionarlo; así que bebimos, bailamos, me subí al escenario, hice el panoli, me hice fotos, me reí y volví borracha a casa. Durante cinco horas, Rodrigo había salido de mi cabeza.

Al día siguiente, cuando me desperté, me lamenté por no haberles pedido el teléfono a la banda de asturianos; ¡joder!, estaba sola en Madrid, había conocido a unos chicos encantadores y no atiné ni a pedirles su contacto, ¿dónde tenía la cabeza?

Pasaban los días y yo iba, pasito a pasito, sintiéndome un poco mejor. Deseaba tener amigos, lo echaba muchísimo de menos, así que le pedí a la vida que me los enviara.

Y así, en perfecta sincronía, tal cómo funciona el universo, fui un fin de semana a Asturias a ver a mis padres y paré a medio camino en una gasolinera. Allí, tomando algo, estaban los chicos del concierto, qué «causalidad» (a estas alturas ya he aprendido que ningún encuentro es casual, aunque por aquel entonces aún no lo sabía).

Allí estaban, como un regalo de la vida, y en esta ocasión sí les pedí su dirección de facebook.

7
Mi nueva vida

Lo demás vino rodado, a los pocos meses tenía una pandilla de amigos, éramos unos 15 y todos estábamos lejos de nuestras familias, así que hacíamos piña y nos protegíamos y cuidábamos mutuamente para tapar la sensación de soledad que sentíamos.

Fueron noches locas, risas, fiesta, alcohol, drogas… Cerrábamos todos los garitos, saltábamos de bar en bar y de fiesta en fiesta.

Nos divertíamos, verdaderamente disfrutábamos de la noche. Era justo lo que necesitaba en ese momento de mi vida para poner un parche a mi dolor, a mi sensación de fracaso y de inadaptación. Esa profunda sensación de que algo fallaba en mi vida, de que algo en mí estaba mal.

Llenar mi vida de drogas y desenfreno fue algo bueno para mí en ese momento, la alternativa era una depresión, así que agradezco profundamente esa etapa de mi vida y lo que supuso para mí. Fue una época de expansión, de afianzamiento y de comenzar a reconstruir mi autoestima, que estaba bajo mínimos.

Por esa época, cuando apenas habían pasado unos meses desde la ruptura con Rodrigo, Mike entró en mi vida.

Nos conocimos en un bar y, casualmente, era de Oviedo, incluso teníamos amigos en común. Yo tenía 30 años y él 26;

aquella primera noche juntos fue un desparrame de drogas y alcohol.

Comenzamos a salir y aquello fue una locura. No era tan guapo como Rodrigo, pero era alto, fuerte y sobre todo muy divertido. Cerrábamos todos los bares, él era muy sociable y conocía a todo el mundo. Era un chico atractivo y alegre, era ingeniero y había vivido en el extranjero. En principio pasaba todas las pruebas como novio socialmente aceptable.

Los comienzos fueron idílicos, él decía estar muy enamorado de mí y yo me sentía feliz y liberada. Tenía novio nuevo, ingeniero y cuatro años más joven que yo, mi problema ya estaba solucionado.

Lo pasamos muy bien durante esos meses, aunque nuestra vida estuviera plagada de drogas, alcohol, ruido, desenfreno y descontrol, ya que nuestro caótico mundo exterior era solo un reflejo de nuestro mundo interior.

Cuando llevábamos unos tres meses juntos, reservamos unas vacaciones en la India por todo lo alto para ese verano. Fue una de esas locuras que hacen las parejas que apenas se conocen. Menos mal que en nuestro caso solo fueron unas vacaciones; conozco muchas parejas que se van a vivir juntos a los tres meses de conocerse y cuando llevan un año acaban destrozados con un montón de lastres y compromisos materiales.

Incluso conozco a una pareja que se compró un piso cuando llevaban pocos meses juntos, y esa decisión ha generado múltiples quebraderos de cabeza a uno de los dos, ya que después de separarse él es el único que afronta regularmente el pago del piso, cuyo valor de mercado, por si fuera poco, es bastante inferior a la cantidad que aún deben al banco.

Pero continúo con mi historia; en medio de esa locura de recién enamorados nos fuimos a la India.

Nuestra relación ya daba los primeros signos de desplome: las peleas y los reproches comenzaban, y curiosamente se generaban entre nosotros dinámicas parecidas a las que tenía con Rodrigo, pero que eran incluso más intensas. Se daban muy espaciadas en el tiempo y yo hacía como que no me daba cuenta. Cuando partimos para la India nuestra relación ya estaba muy deteriorada y la sucesión de acontecimientos frenéticos y negativos en un tiempo récord era lo suficientemente significativa como para no habernos embarcado en ese viaje.

Todas las reservas estaban pagadas y me daba mucha pena no irme de vacaciones, además, por otro lado, me daba miedo irme sola de viaje a la India, así que fui con Mike, jugando de nuevo a la pareja ideal que se iba de vacaciones a los mejores hoteles a vivir una experiencia falsa.

Nos fuimos al Rahastan, a los palacios de los sultanes ahora reconvertidos en los mejores hoteles de la India. Ya en el aeropuerto protagonizamos una dolorosa discusión, aterricé en la India llorando y el primer día él se fue a otro hotel, no sin antes haberse llevado mi cámara de fotos.

La verdad es que Mike era un caradura impresentable, un niñato caprichoso que ya se estaba cansando de su nueva conquista. Yo me sentía miserablemente, por más que me esforzaba por cuidar, agradar, agasajar e incluso hacer regalos a mis parejas, solo conseguía darme de cabezazos contra la pared. Mi nueva y flamante relación se estaba convirtiendo, de nuevo, en un estrepitoso fracaso.

Mi corazón todavía estaba roto por la ruptura con Rodrigo y ahora sentía que Mike estaba destrozando la pequeña parte que aún quedaba entera dentro de mí.

Llamé a mi madre, que a miles de kilómetros me escuchó y me animó. Madre no hay más que una, ella siempre me ha apoyado, siempre ha estado a mi lado animándome y escuchándome, y nunca me ha juzgado.

Lo cierto es que mi mundo se ha desmoronado varias veces, pero mi madre siempre me ha ayudado a recoger las piezas rotas. Pasé la noche sola en la India en un hotel de lujo y al día siguiente me desperté con la cara hinchada de tanto llorar. Mike estaba esperándome en recepción aparentemente arrepentido, se puso de rodillas y me imploró otra oportunidad; contenta e ilusionada le abracé apasionadamente.

Quería pensar que todo estaba bien, que no había pasado nada. Una vez más ponía un parche a mi dolor y miraba para otro lado. Seguimos el viaje, juntos, y la sucesión de parajes idílicos y hoteles de lujo junto con el calor y la suciedad que caracterizan a la India iban acompañados de los desprecios e insultos que me dedicaba Mike cada vez que se sentía mal o que los planes no salían exactamente como él esperaba.

Yo aguantaba callada, estoicamente, tratando de tener la fiesta en paz, aunque me sentía como una mierda. Recuerdo esas vacaciones con dolor; me sentía doblemente fracasada, la mujer más desgraciada de la tierra, y todo el dolor que había tapado durante esos meses resurgía con mucha más fuerza condimentado por los insultos de Mike.

Teníamos un guía indio, se llamaba Sonny y era más o menos de mi edad. Él observaba las formas de Mike y, aunque no entendía ni *papa* de español, cuando Mike se iba al baño, ya que estaba con nosotros 24 horas, me decía en inglés que no podía entender cómo alguien que estaba con una mujer tan hermosa podía despreciarla y tratarla de ese modo.

En ocasiones charlábamos cuando Mike se ausentaba para ir a comprar algo, y me contaba que en la India él solo tenía acceso a una mujer cuando se casaba con ella y se comprometía a proporcionarle una manutención, que estaba ahorrando para poder hacerlo y que se moría de ganas de tener una mujer a su lado. Sonny era un indio muy guapo, que no podía estar con ninguna mujer hasta que se casase y que estaba muy concienciado de la importancia de tratar bien a las mujeres. Para que luego se diga que en el tercer mundo tratan mal al sexo femenino. La verdad es que Sonny estaba horrorizado con lo que estaba viendo esos días.

Me puse enferma, tenía diarrea, apenas podía comer y estaba cansadísima, hacía un calor insoportable y no paraba de respirar polvo, era como si el ambiente estuviese lleno de polvo. Se sucedían las ciudades, los colores, los sabores, era la India, pero yo tenía tanta tristeza dentro de mí que lo recuerdo como un infierno. Solo quería que el viaje pasase rápido, estaba muy malita y Mike me estaba tratando como un trapo.

Cuando quedaban tres días para volver a casa, Mike se volvió completamente loco. Sinceramente, no me acuerdo cuál fue el detonante, pero recuerdo que me intentó estrangular en la habitación de un hotel, y que aflojó justo en el momento en el que pensé que realmente iba a acabar con mi vida.

Me quedé en estado de *shock,* y cuando me soltó, estuve horas encerrada en el baño sin poder reaccionar.

Tuve que pasar los tres días que quedaban con él porque teníamos reservados todos los desplazamientos y pernoctaciones de forma conjunta, y supongo que porque en aquel momento no me sentía capaz ni de resistirme.

De modo que me pegaba a Sonny como si de un salvavidas en mitad del océano se tratase.

Aterricé en España exhausta después de varias noches sin apenas dormir, escuálida después de días casi sin comer, pero sobre todo psicológicamente destrozada y sin ganas de vivir.

Nunca contaría esto si no pensara que mi testimonio puede ayudar a otras personas, ahora comprendo a qué se debían esas situaciones y he sido capaz de juntar todas las piezas del puzle. Ahora comprendo que en realidad nunca fui una víctima, pero voy a continuar relatando mi historia para que sepas todo lo que pasó.

Por fin llegué a mi apartamento, sucia y hecha una mierda. La casera había tenido la gran idea de cerrar la llave del agua porque se había pasado por mi apartamento, y yo no tenía ni puñetera idea de dónde encontrarla. Eran las doce de la noche, por más que la buscaba no la encontraba y anhelaba una ducha de agua caliente más que nada en el mundo. Le mandé un mensaje preguntándole dónde estaba la llave del agua y me contestó poniéndome verde por molestarla a esas horas.

En ese momento recuerdo que se me pasó por la cabeza tirarme por la ventana, afortunadamente no lo hice... y menos mal, porque ahora soy una mujer plena y feliz que ayudo a otras personas a encontrar la felicidad en su interior.

No podía con la vida, me pesé y vi que tenía 6 kg menos que al dejar España; había perdido 6 kg en 15 días, pero sobre todo había perdido la poca dignidad que me quedaba y las ganas de vivir.

Al día siguiente, cuando me levanté de la cama, Rodrigo me llamó por teléfono. Le habían hecho una oferta de trabajo para irse a la India y me llamaba para preguntarme qué me había parecido el país. No pude evitar contarle por encima que las cosas habían ido mal con Mike. Él me escucho con su habitual frialdad plagada de silencios. Cuando colgué me sentía gilipollas por haberle dicho nada.

Rodrigo me vejaba y me humillaba, en una ocasión me lanzó un cenicero y me tuve que encerrar en el baño para que no me pegara.

Mike me insultaba y humillaba aún más si cabe, y casi me estrangula.

8
Repetición de patrones

Es como si Mike fuese una versión 2.0 de la maldad de Rodrigo. Como si en él se concentrara todo lo malo de Rodrigo multiplicado por dos. Era como haber vivido lo mismo dos veces, la segunda, amplificada.

Comenzaba a pensar que aquello era algo más que mala suerte, que de algún modo eso tenía que ver conmigo y que lo estaba creando yo.

Fui a tomar un café con mi amigo Coto, que había conocido a Mike, y me desahogué con él. Coto me escuchaba con atención y de pronto me soltó: «Quien no aprende de su historia está condenado a repetirla».

Me quedé parada en seco, era el universo hablándome a través de Coto. De hecho, más adelante le recordé a Coto esa conversación y no se acuerda de haber dicho eso, pero la cuestión es que lo dijo y me hizo reaccionar.

Recuerdo otra conversación con mi amiga Mary, que me dijo al escuchar mis sollozos: «Tía, no te quieres nada. No se trata de media naranja más media naranja, hay que ser una naranja entera».

No sé si Mary lo recuerda, pero de ahí viene la inspiración para mi primera clave: **naranjas completas.**

¡Qué potente!, en ese momento se alzaba todo el universo frente a mí, la vida misma hablándome a través de mis amigos y dándome las pistas para mi despertar.

En realidad, la vida siempre me había acompañado y me había señalado el camino guiando generosamente mis pasos, pero yo estaba demasiado ocupada luchando como para percibir que todo era fácil. Estaba demasiado imbuida en los miedos de mi ego como para dejarme llevar, para ver más allá de mis narices.

Solo cuando el ser humano se ve sacudido por el sufrimiento y siente dolor dentro de sus entrañas es cuando comienza a hacerse preguntas. En ese momento comprendí la utilidad del sufrimiento, si no fuera por el sufrimiento seguiríamos escuchando la voz del ego, seguiríamos pensando que la felicidad está ahí fuera, en las cosas que podemos comprar o conseguir, seguiríamos pensando que nuestra felicidad está al lado de alguien… Pero cuando el sufrimiento nos sacude, nos lleva a buscar, a hacernos preguntas, a comenzar a mirarnos, a la introspección, a la responsabilidad, y nos lleva a buscar al causante de todo eso. ¿Y quién es el causante de todo el sufrimiento que experimentamos?

El ego, el mísero ego con sus falsas promesas de felicidad. Así que gracias al sufrimiento lo desenmascaramos y le vemos la cara. Gracias a él nos movemos y comenzamos a buscar, y eso nos lleva a recordar quiénes somos realmente.

Gracias vida, gracias Coto, gracias Mary, gracias Mike, gracias Rodrigo por traerme hasta aquí.

9

Quien no aprende de su historia está condenado a repetirla

«AQUELLOS QUE NO APRENDEN nada de los hechos desagradables de la vida fuerzan a la conciencia cósmica a que los reproduzca tantas veces como sea necesario para aprender lo que enseña el drama de lo sucedido. Lo que niegas te somete; lo que aceptas te transforma».

Karl Gustav Jung

Esta reveladora frase fue pronunciada por el gran psicoanalista suizo discípulo de Freud, Karl G. Jung, allá por 1930.

Jung no especificaba el formato, pero doy fe de que la vida va amplificando la experiencia, aumentando la intensidad del formato, y eso acababa de ocurrirme a mí; yo no me estaba enterando de algo y la vida estaba brindándome la misma experiencia amplificada.

La vida está conectada con nuestro inconsciente y por eso es como si estuviésemos creando nuestra propia realidad a ese nivel de conciencia. Pero, ¿por qué iba yo a querer someterme a semejantes experiencias de devastación personal?

Como ya describió el psicoanálisis, en el iceberg de la personalidad solo un 7% es consciente mientras que un 93% es inconsciente. Somos una incógnita para nosotros mismos, sencillamente no sabemos quiénes somos, por eso es tan fácil que a veces nos perdamos en el juego de la vida, como me pasó a mí.

La vida nos acompaña en el proceso de creación, y cuando comenzamos a fabricar basura desde nuestro ego, la vida se encarga de repetirnos las experiencias amplificadas para que en lugar de seguir buscando fuera, comencemos a buscar dentro de nosotros mismos.

La vida nos repite los escenarios, es la misma experiencia en el fondo, sólo es diferente en las formas. Te provee del mismo aprendizaje y adicionalmente la vida te vincula la repetición con el primer escenario mediante una señal perteneciente al primer evento, para que lo puedas ver. En mi caso, esa señal era la llamada de Rodrigo.

Cito de nuevo a Jung: «Aquel que mira afuera, sueña. Quien mira en su interior, despierta».

¿Y si te dijera que tienes el poder de revertir cualquier situación, ya que todas las estás creando tú?

10
Mi vida en soledad

COMO YA NO TENÍA dónde buscar, con dos historias de maltrato había tenido suficiente, comencé a mirar dentro de mí.

No sabía muy bien por dónde empezar y pensé en acudir a un psicólogo. Me dijeron que se podía acceder a uno de forma gratuita por la Seguridad Social, así que lo solicité, me mandaron a un psiquiatra que tenía que hacerme una valoración previa para derivarme a un psicólogo.

Me atendió un chico un poco mayor que yo que desempeñaba ambas profesiones, era psiquiatra y psicólogo, y, por cierto, no tenía ni idea de todo esto que os estoy contando y dudo mucho de que estuviera en condiciones de poder ayudar a nadie. La cuestión es que me dio el alta después de tres sesiones, me dijo que estaba estupenda y me invitó a cenar, donde, ante mi asombro, intentó ligar conmigo. En esta ocasión no piqué y le mandé al carajo.

En esa época tomé una decisión muy sabia: asumí que no me relacionaba bien con los hombres, aunque no sabía muy bien por qué, y decidí que iba a estar seis meses sin liarme con ninguno.

Siempre he sido bastante atractiva, pero a mis 31 años estaba espléndida, se me acercaban muchos hombres, pero me sentía tan decepcionada con ellos al tiempo que comenzaba a vislumbrar que el problema estaba en mí, que tomé la férrea decisión de no acercarme a ninguno, al menos hasta que comprendiese qué había pasado y cómo había sido capaz de generar tanto desamor.

Miro retrospectivamente con infinito amor a esa niña que se había perdido en el juego de la vida, que estaba tan sola y perdida, y que aun así supo sacar la fortaleza y la entereza para permanecer sola a pesar de que tantos hombres querían estar a su lado, que supo quedarse sola para encontrarse a sí misma.

Esa «niña» que supo comenzar a mirar dentro en lugar de seguir buscando fuera, esa niña rota que destilaba sabiduría tomando una decisión tan poderosa que le llevó a confrontarse consigo misma al tiempo que se permitía jugar y experimentar en otros aspectos de la vida.

Tuve el coraje de aprender a amarme, y **para poder amarte a ti mismo es necesaria la soledad.**

Tuve el coraje de emprender un trabajo interior que solo la soledad hace posible.

Fui muy valiente, muy honesta conmigo misma asumiendo que no podía, ni sabía, relacionarme con los hombres y esa decisión me permitió florecer y fue el primer paso hacia la mujer poderosa y decidida en la que me he convertido, fue el primer paso hacia la diosa en la que elegí convertirme, el primer paso de un profundo proceso de crecimiento personal que no solo me llevó a aprender a amarme a mí misma, sino a apoyar ese mismo proceso en otras personas y a encontrar el sentido de mi vida.

Bendigo el día en que decidí que iba a experimentar la soledad, pero no la soledad por imposición (esa ya la había vivido), sino una soledad elegida, autoimpuesta y necesaria. Una soledad desde la libertad personal, desde el decir NO a cualquier *oportunidad* o relación que se presentase; una soledad elegida en aras del autodescubrimiento y de la sanación interior, un movimiento valiente que hice de modo intuitivo y que supuso un paso gigante en mi camino.

Por aquel entonces me sentía vacía, tenía tiempo, tenía dinero y quería cambiar radicalmente de vida. Una de las *peticiones* que formulé esos meses fue la de «vida nueva».

No sabía por dónde comenzar a cambiar mi vida ni cómo hacerlo, pero me apunté a un máster. Estaba cansada de ser visitadora médica, tenía tiempo y dinero pero estaba siempre sola, quería tener compañeros de trabajo, además notaba un vacío, quería ser jefa.

Pensaba que podía cambiar las cosas de fuera, aunque intuitivamente ya estaba comenzando a mirar dentro, así que en ese empeño de mejorar mi vida y cambiar mis circunstancias externas me matriculé en una escuela de negocios de las más prestigiosas del país con la esperanza de que volver a estudiar me ayudase a dar un giro a mi vida.

Mis amigos se reían de mí, eran bastante alternativos, por no decir punkis, activistas de múltiples causas sociales, algunos de ellos hasta veganos. Se reían porque me acababa de matricular en una súper escuela pija de negocios y además no dejaba que se me acercase ningún tío.

«Qué cosas más raras haces, tía», era lo mínimo que me decían, y mientras tanto seguíamos a nuestro ritmo, de juerga en juega y de fiesta en fiesta.

Yo gestionaba bien los tiempos, siempre he sido muy buena en eso, así que la vida me daba para ir a trabajar y ganar premios de ventas, para estudiar el máster los jueves, viernes y fines de semana, y para no perderme ni una farra, aunque tuviese que ir a clase el domingo sin apenas haber dormido.

Cerraba todos los bares junto con mis amigos, bebía, bailaba, me divertía, iba a conciertos, no me perdía ni una manifestación. Vendía fármacos por las mañanas y reivindicaba causas sociales por las tardes. Los fines de semana alternaba las escuelas de negocios más elitistas del país con los bares de Lavapiés más macarras de Madrid.

En fin, mi vida era «pura coherencia», y entre borrachera y borrachera sacaba tiempo para hacer los trabajos de la escuela.

Aprovecho estas líneas para proclamar a los cuatro vientos que en mi opinión las escuelas de negocios se limitan a una cuestión de dinero ya que si pagas no hace falta ser ningún lumbrera para que te den el título. Cuando terminé el máster no sentí que tuviera más conocimientos que antes; y cuando, años después, monté mi propia empresa esos conocimientos no me ayudaron en absoluto al ser poco prácticos y realistas. En mi opinión, mucho *lalala* y poca aplicación real. Una pérdida de tiempo y dinero.

Pero volvamos a mi historia personal.

Fundamentalmente, mi vida estaba marcada por un profundo desconocimiento de mí misma. No sabía quién era. Mi vida no tenía sentido, no sabía para qué estaba aquí.

Ni me lo planteaba, la dimensión espiritual no existía para mí. De hecho cuando veía una de esas revistas de yoga y *chakras* en algún bar pensaba que eran todos una *chupi pandi* de *colgaos* que no podían con la vida, que les parecía demasiado dura y por eso se tenían que inventar esas milongas.

Pensaba que eran todos unos esotéricos descerebrados, médiums y pitonisas. Locos sin norte que no tenían nada mejor que hacer ni otra forma de evadirse de la realidad.

Qué bonito que la vida me llevara, a base de palos, a cambiar de opinión.

11
Cuando tú cambias, todo cambia

«Ayer era listo, así que quería cambiar el mundo. Hoy soy sabio, así que estoy cambiándome a mí mismo».

RUMI

CUANDO COMENCÉ a cambiar, a cuestionar mis creencias, a conectar con mi esencia, mi vida también empezó a cambiar.

Cuando me quise dar cuenta, sin haber hecho ningún esfuerzo especial y sin forzarlo tenía un sólido grupo de amigos, algo que no había sido capaz de hacer cuando tenía novio.

Disfrutaba mucho de mis nuevos amigos, de las fiestas en casas, del *terraceo* de cañitas, de los conciertos, de la complicidad y el cariño que había entre nosotros. Éramos tantos que siempre surgía algún plan en los que, muchas veces, terminábamos *poniéndonos hasta el culo de todo*, riendo, jugando, bailando…

Era muy divertido, agradezco enormemente esa época de desenfreno y realmente la necesitaba, tenía 32 años y me lo pasaba en grande.

Y lo uno llevó a lo otro. Hubo mucha fiesta, muchas noches, muchas aventuras al límite. Al principio se me caían las paredes de mi casa encima y solamente deseaba estar fuera, por eso la fiesta, las cañas, las cenas y las salidas nocturnas me hacían sentir tan bien, pero de pronto, como no había nadie más en casa de quién preocuparse, comencé a preocuparme por mí. Fue un bonito proceso de crecimiento e introspección. Poco a poco me cansé de tanta fiesta y tanta aventura.

Y un día, de pronto, casi sin darme cuenta, ya no me molestaba estar sola en casa, más bien al contrario, estaba muy *a gustito*; poco a poco iba creciendo mi autoconocimiento y con ello mi autoestima; iba conectando conmigo misma y aprendiendo a quererme. Estaba aprendiendo a reconocer mis necesidades y a satisfacerlas. En esa fase comencé a leer sobre metafísica, psicología y crecimiento personal, y empecé a meditar.

Y cuando me quise dar cuenta, después de tres años, me encantaba estar sola, disfrutaba enormemente de los ratos en soledad, o incluso de pasar días enteros sin ver a nadie. Ya no me drogaba, apenas bebía, estaba comenzando a alimentarme bien y a hacer deporte, descansaba tranquila y feliz, y meditaba prácticamente todos los días.

Se me pasaban los días en paz, se me ocurrían infinidad de cosas que hacer estando sola y ya no necesitaba un novio o unos amigos que pusieran un parche a mi dolor. Cuando me quise dar cuenta era feliz sin compañía, y eso es lo más parecido a la auténtica libertad.

Bendita ruptura de pareja y bendito proceso de crecimiento, de aprender a estar conmigo misma.

Me sentía libre y plena, de vez en cuando quedaba con mis amigos, pero ya no los necesitaba de esa forma enfermiza.

Ya no me lanzaba mensajes autodestructivos, solo me decía cosas bonitas.

Ya no sentía culpa, me sentía a gusto.

Ya no sentía que era defectuosa o que algo fallaba conmigo, Guadalupe comenzaba a gustarme mucho.

Aceptaba a Guadalupe (a mí misma) y desde ese momento no se me ocurría mejor compañía que la de la propia Guadalupe. Guadalupe era una tía fantástica y llevaba con ella toda la vida. Por primera vez me daba cuenta de lo mucho que me gustaba estar conmigo misma.

Creo que estar en paz con uno mismo en soledad es lo más parecido a la auténtica libertad. Agradezco enormemente este proceso que viví, el aprender a estar sola y encontrarme a mí misma en la soledad.

12
La vida es un espejo

Todo lo que ves es una proyección de tu inconsciente, es la realidad que tú estás creando acorde con tu sistema de creencias. Si creo que el mundo es un lugar hostil, el mundo se convertirá en un lugar hostil para mí.

Si creo que es difícil ganar dinero, el mundo se convertirá en un lugar en el que efectivamente es muy difícil ganar dinero.

Si muchos millones de personas sostienen la creencia de que en el mundo hay escasez, generan un mundo escaso en el que, efectivamente, la gente se muere de hambre.

Cuando aprendí economía en mis estudios de Administración y Dirección de Empresas, los profesores nos hablaban del mercado y de los recursos, y ya los definían como escasos y limitados. Ese es el mundo en el que vivimos, un mundo en el que en las escuelas de economía les transmiten a alumnos de poco más de 20 años que los recursos son limitados.

Esa es nuestra creencia y la realidad que creamos.

Me pregunto por qué nunca nos hemos parado a observar a la madre naturaleza y las leyes de la abundancia que en ella imperan, donde nunca falta de nada, donde todo se provee y regenera de forma natural.

Nos estamos cargando el mundo con nuestro sistema de creencias y mientras tanto echamos la culpa a la sociedad y a los políticos de que haya tanto paro.

Debemos mirarnos a nosotros mismos y asumir que también estamos alimentando la creencia en la escasez, que también estamos cocreando y perpetuando ese modelo enfermizo y competitivo que nos destruye como individuos y en el que los seres humanos tienen que luchar por la supervivencia en lugar de conectar con su divinidad esencial y generar abundancia.

Debemos responsabilizarnos de nuestra propia vida.

El mundo siempre nos va a reflejar nuestro propio sistema de creencias, es decir, vamos a ver fuera, ni más ni menos, que lo que somos ya que la vida siempre nos va a dar la razón.

Pongamos como ejemplo una barbaridad extrema sin pies ni cabeza. Por ejemplo, si yo creo que «los *maricones* son unos degenerados», la vida me va a poner delante a homosexuales degenerados que se lo hacen con el palo de la escoba en un callejón.

Y yo diré: «¡Ves! Lo sabía. Yo tenía razón».

Esto es solo un ejemplo de cómo todos tenemos siempre razón, porque el sistema de pensamiento del ego es el causante de todo el sufrimiento, pero también es coherente consigo mismo.

Mi mundo refleja mi sistema de pensamiento.

Por eso, la verdad no existe, solo existen percepciones erróneas de este juego, o Matrix, cada una en función de los diferentes niveles concienciales.

Los seres humanos hemos escuchado la voz del ego durante muchos siglos y hemos creído que el mundo era un lugar peligroso y amenazante… y en eso lo hemos convertido.

Si mi sistema de creencias sostiene que yo necesito algo o a alguien para ser feliz, estoy creando un mundo carente, estoy restringiendo mi felicidad porque no tengo ese algo o a ese alguien.

Si mi sistema de creencias dice que con 50 años soy demasiado viejo para reincorporarme al mercado de trabajo, perpetuaré esa realidad y eso será real para mí, nunca encontraré trabajo. Si un número «N» significativo de personas cree que con 50 años son demasiado viejos para encontrar trabajo, eso ya se convierte en una estadística e incluso puede llegar a convertirse en ciencia.

Es ridículo como la ciencia se ha ido desdiciendo de sus postulados. La humanidad se ha demostrado a sí misma, en múltiples ocasiones, que estaba equivocada en su forma de pensar, en su sistema de creencias. El ejemplo más claro es que hubo una época en la que se creía que la tierra era plana, y en ese momento era absolutamente evidente para todo el mundo que eso era así, ¿no lo ves?

Del mismo modo, las generaciones venideras recordarán nuestro sistema de creencias actual y se llevarán las manos a la cabeza.

Si una persona de 50 años en paro se empodera, conecta con su esencia, se sale del guion de creencias predominante y cree que a pesar de su edad se va a reincorporar con facilidad al mercado de trabajo, su vida reflejará esa creencia y se generarán las personas, situaciones, circunstancias y acontecimientos para que alguien le contrate. ¡Sin duda!

Voy a poner un ejemplo un poco más complejo: Si yo creo que no hay vida después de la muerte, la vida me va a evidenciar esa creencia, no encontraré ninguna razón o evidencia empírica que respalde la posibilidad de que haya vida después de la muerte, la gente de mi entorno me reflejará esa misma creencia y pensar en la vida después de la muerte será para mí un absurdo al que no dedicaré ni un minuto de mi tiempo.

Pero, ¿qué pasa si yo cuestiono la creencia de que no hay vida después de la muerte y si trato de buscar respuestas?

¿Os cuento qué me pasó a mí cuando comencé a cuestionar mi creencia en la muerte?

Que aparecieron los libros de Raymon Moody, investigador que se dedicó a entrevistar a infinidad de personas que habían sufrido una muerte clínica y finalmente no habían fallecido; los libros de Brian Weiss, psiquiatra estadounidense que mediante regresiones conecta con vidas previas de sus pacientes. Aparecieron en mi vida libros como *El libro tibetano de la vida y la muerte*, que expone la sabiduría ancestral del pueblo que más ha estudiado la muerte y sus procesos, y en el que se describe el «proceso de la muerte» en profundidad y las experiencias de los tres días que transcurren desde que el espíritu sale del cuerpo hasta que abandona este plano.

Y por si estos conocimientos sobre la muerte no fueran suficientes, aparecieron en mi vida personas con poderes psíquicos reales, que se podían comunicar y sentir con lo que tradicionalmente se conocen como «fantasmas», pero que no son más que almas en transición que se quedan atrapadas en este plano porque tienen algún asunto pendiente con sus padres o hijos, alguna historia de rencor o resentimiento no sanado, o una honda preocupación por los que se quedan que no les permite abandonar definitivamente este plano material.

Fue tal mi apertura al tema de la muerte que hasta comenzaron a recurrir a mí personas sobrecogidas por la muerte de un familiar, al que afirmaban sentir como si lo llevasen pegado; y dentro de mis capacidades les ayudé, no sin que antes la vida me proveyera de las herramientas y personas para poder ayudar a esas almas a abandonar este plano y así ayudar a los vivos a cerrar ese episodio y poder quedarse en paz.

Todo eso ocurrió a partir del día en que me planteé que el tema de la muerte quizá no era tan simple como afirmar que morimos y se acabó todo. Soy consciente de que para que la vida me mostrara el nuevo reflejo de mi sistema de creencias hacía falta que yo cuestionara previamente mi creencia.

Ya no creo en la muerte, es más, tengo la absoluta certeza de que somos eternos y que esta solo es un cambio de forma; para mí es una verdad absoluta… Y lo que piense el resto del mundo me da igual porque hace tiempo que he aprendido que el sistema de creencias mayoritario de este mundo está profundamente enfermo y que yo puedo elegir en qué creer y crearlo.

Por un lado está el sistema de creencias predominante de la sociedad, todas esas cosas que damos por supuestas, que para nosotros siempre han estado ahí y que nunca cuestionamos. Como un número «N» significativo de personas las sostienen se convierten en el acervo sociocultural de una sociedad; y por otro lado está tu propio sistema de creencias.

Todos llevamos incorporado el sistema de creencias de nuestro entorno: la historia del príncipe y la princesa, la media naranja, San Valentín, etc., y podemos elegir perpetuarlo y seguir creyendo en él, o podemos elegir comenzar a cuestionarlo.

Os pongo un ejemplo que vais a entender. Cuando yo era pequeña la monarquía estaba muy bien valorada, los reyes eran muy buenos y prestaban un gran servicio a España; actualmente en cambio son muchas las personas que comienzan a cuestionarse ese sistema de creencias y ven que ese modelo hace aguas. La vida nos proporcionará tanto argumentos racionales que sostengan el apoyo a la monarquía como argumentos en contra. Pero, ¿dónde está la consciencia?

Y así, a medida que vayamos cuestionando nuestro sistema de creencias, la vida ira proveyéndonos de experiencias para ampliar nuestra consciencia. Recuerdo cuando estaba estudiando el máster, mis compañeros de clase creían que los activistas del 15 M eran una pandilla de vagos *perroflautas* acorde a la imagen que estaban dando de ellos los medios de comunicación; yo, que me pasaba las tardes y parte de las noches después de clase en la acampada del 15 M, sabía que había de todo, todo tipo de gente y sustrato social.

Por otro lado, también escuchaba las opiniones de mis amigos activistas del 15 M en contra del capitalismo salvaje y argumentando que los bancos tenían la culpa de todo.

Yo en aquel momento dudaba, ya que por un lado oía los argumentos de aquellos que estaban tratando de aumentar las exportaciones, hacer crecer sus empresas y crear empleo, y los de otros que no llegaban a fin de mes y luchaban por un mundo más justo.

Yo participaba de ambos escenarios y no sabía si me estaba volviendo bipolar, pero para mí los dos tenían parte de razón.

Me pasaba la vida defendiendo a los unos frente a los otros; ahora comprendo que ambos tenían razón porque siempre todos tenemos razón, nuestra razón, y todos creamos un mundo acorde a nuestro sistema de creencias y un mundo demente porque tenemos un ego demente.

Y unos y otros, yendo en contra de algo, energéticamente están alimentando aquello contra lo que luchan. Ir en contra de algo es resistencia y al resistirte consigues perpetuarlo.

El amor lo incluye todo, el amor sabe que los pijos del máster y los activistas *perroflautas* son espejos de la misma inconsciencia y del mismo sistema de creencias obsoleto. Y el amor sabe que ambos son hermosos e inocentes, que ambos son dignos de todo el amor del mundo y que ambos son el mismo ser dividido jugando a no ser quien en realidad es.

13
¿Desde cuándo sabe la humanidad que la vida es un espejo?

Y SI LA VIDA ES un espejo y tenemos todo el poder de manifestar cualquier cosa…

¿Por qué no nos lo han enseñado en el colegio?

¿Por qué nadie nos ha hablado de esto en lugar de todas las cosas inútiles que nos enseñaron? Lengua, física, geografía, etc.

¿Por qué nadie nos enseñó a ser felices?

Porque aunque ahora la humanidad está despertando, hasta hace poco eran muy pocos los que conocían esta información.

¿Desde cuándo conoce la humanidad esta información?

Aparte de los grandes maestros como Buda, Lao Tse, Jesús, Platón…, que obviamente eran conocedores de nuestra esencia divina y de nuestra capacidad de creación, hay indicios de que ha habido otros sabios que han manejado esta información desde el principio de los tiempos.

La Tabla Esmeralda data del año 3000 a. C. Es un texto escrito de forma críptica sobre una piedra que describe los siete principios de funcionamiento del universo. Esta tabla es atribuida al mítico Hermes Trimegisto y fue traducida al latín por Isaac Newton.

Esos 7 principios, también conocidos como los principios del hermetismo, vieron la luz de nuevo en 1908 con el *Kybalion*, publicado de forma anónima por tres iniciados.

Se publicó anónimamente porque en aquella época no se podía hablar abiertamente de todos estos temas (de todo lo que te estoy contando en este libro), y si lo hubieran hecho hubieran sido considerados unos locos.

Este es un riesgo que, en menor medida, aún asumimos los que en la actualidad decidimos hablar de estos conceptos.

El *Kybalion* desarrolla, entre otros, el principio de correspondencia, donde describe que «como es dentro es fuera, como es arriba es abajo». Es otra forma de enunciar que la vida es un espejo.

No soy pionera, original ni innovadora afirmando que **la vida es un espejo de tu interior**.

Buda decía:

«Somos lo que pensamos. Todo el mundo surge de nuestros pensamientos. Con nuestros pensamientos creamos el mundo».

«Todo lo que somos es el resultado de lo que hemos pensado; está fundado en nuestros pensamientos y está hecho de nuestros pensamientos».

En mi opinión, ya no es ningún secreto el conocimiento de que **con nuestro pensamiento tenemos la capacidad de crear**.

Extrapolando esto a nuestras relaciones es muy reveladora la frase de Khrisnamurti: «No vemos las cosas como son, vemos las cosas como somos».

De modo que todas las personas que nos rodean tienen algo que ver con nosotros, si están en nuestra vida es porque nuestro holograma interactúa con su holograma. Es decir, hay un punto en común entre ambos hologramas. Esas personas aparecen en mi vida porque una parte suya es común a una parte mía.

No sabemos quiénes somos, somos una incógnita para nosotros mismos; de hecho solo una pequeña parte de nosotros, aproximadamente un 7%, es consciente, así que el universo, la vida o como quieras llamarlo, nos provee de una maravillosa herramienta para nuestro autoconocimiento: el espejo de nuestras relaciones.

La vida nos pone delante a todas aquellas personas que nos hacen de espejo para que podamos reconocernos fuera y aprender quiénes somos.

Es decir, las personas que nos rodean, tanto las que nos gustan como las que no, reflejan aspectos de nosotros mismos.

Sí, así es, todo lo que ves tiene que ver contigo y las personas que te rodean son tus espejos; son personas que tienen sistemas de creencias similares a los tuyos o tienen aspectos en común contigo. O, en otro orden de cosas, que han venido a enseñarte algo.

¡Anda ya! ¿Y entonces ese petardo cabrón?

Pues precisamente ese *hijo de puta* es tu maestro, el que ha venido a enseñarte a poner límites.

El espejo es sutil y refinado, no es un espejo sencillo tan simple como que tú eres alto y yo soy alta, o tú eres cariñoso y yo soy cariñosa… para nada, no funciona así. Todas las personas somos duales o poliédricas.

Somos enormemente complejos y los que me rodean me están mostrando toda mi complejidad y mis facetas ocultas, incluso aquellas que no conozco acerca de mí misma.

14
La pareja como espejo

Yo COMPRENDÍ, DESPUÉS de la relación con Mike y la repetición de patrones, que ese maltrato externo era un espejo de mi automaltrato y de mi falta de autoestima, de lo poco que me quería, me respetaba y valoraba.

Comprendí que yo tenía toda la responsabilidad, que no era ninguna víctima, que en el fondo ¡yo había creado esa situación! Y del mismo modo que tenía toda la responsabilidad también tenía el poder de revertir la situación.

Esa situación solo era un reflejo de mi estado interno y no había nada que cambiar en el plano externo, la solución no era ir al psicólogo, alejarme de los hombres, afiliarme a una asociación de mujeres maltratadas o despotricar contra los hombres como hacían mis amigas, el cambio no pasaba por ahí. El único cambio posible y efectivo para mi vida era el cambio interior, el único que podía llevarme a algún sitio.

Por aquel entonces todavía no era consciente de todo esto, pero al menos la decisión de quedarme sola me preservó de repetir patrones y me mantenía ocupada, con el foco energético focalizado en otras cosas.

Inconscientemente, emprendí el camino de comenzar a amarme y valorarme, de construir mi autoestima y empezar a sanarme.

Emprendí el camino de la responsabilidad personal, de perdonar a todos los que me habían hecho daño ya que en realidad nadie tenía la capacidad de dañarme, solo podían dañar mi cuerpo pero no a mí. Si me rodeaban ese tipo de personas era porque estaban reflejando algo acerca de mí misma. Emprendí el camino de perdonarme, de abandonar la culpa y reconocer mi absoluta inocencia así como la absoluta inocencia de mis espejos, de esos maestros que me habían reflejado la falta de amor hacia mí misma; al fin y al cabo ellos reflejaban mi desamor, ellos tampoco se amaban, tampoco habían aprendido a respetarse y valorarse, sentían un enorme dolor y frustración que yo les disparaba en el momento en el que les exigía amor.

Emprendí el camino de amarme, escucharme y respetarme, de dejar de buscar fuera, de mirarme dentro, y así elegir ser feliz.

Del mismo modo que previamente yo no había aprendido a amarme a mí misma y me dedicaba a mendigar amor fuera y a manipular a los demás inconscientemente en esa búsqueda de amor, ellos también se encontraban en una situación similar; hacían concesiones románticas pretendiendo amarme cuando realmente estaban tan vacíos por dentro que no me sabían dar nada de lo que no habían aprendido previamente a darse a sí mismos.

Ambos nos sacrificábamos por el otro e intentábamos darle amor desde nuestro más absoluto desconocimiento de este.

Ambos reflejábamos nuestra incapacidad de amar, estábamos demandando el amor que no sentíamos hacia nosotros mismos y nos hacíamos de espejo de nuestro desamor.

En realidad **todos estamos aprendiendo a amar**.

Si todas las personas nos hacen de espejo, **la pareja es el espejo por excelencia** porque es el espejo continuo, aquel del que no te puedes escapar.

Todas las relaciones humanas nos enseñan cosas acerca de nosotros mismos, lo que convierte la relación de pareja en especial es que en ella se reflejan muchas más cosas en una misma persona.

Es lo que yo llamo el *perfect match,* como si un macroordenador cósmico procesara todos los egos, todos los personajes individuales, y buscase la combinación perfecta que asegurase el aprendizaje y la evolución de ambos miembros.

Las relaciones de pareja son el principal instrumento al servicio de la vida para nuestro autoconocimiento.

Cito al gran maestro Eckhart Tolle:

«Una relación de pareja no está para hacerte feliz sino para hacerte consciente».

El propósito de una relación de pareja es hacernos conscientes. La pareja no está para hacernos felices sino para sanarnos.

Para ayudarnos a recordar quiénes somos, para que podamos ver nuestro ego reflejado fuera y de este modo trascenderlo.

En el juego de la vida, de inventarnos un personaje, nos hemos olvidado de quiénes somos realmente, nos hemos desconectado de nuestra esencia divina.

Nos experimentamos a nosotros mismos como seres carentes, limitados, pequeños, que necesitan cosas y personas para ser felices.

La vida, en su infinita sabiduría, nos rodea de relaciones que nos muestran quien somos y aquello que necesitamos aprender.

Si necesito aprender a poner límites, me pondrá al lado a alguien invasivo para que no me quede más remedio que transitar el camino del aprendizaje a decir «no», por mucho que me cueste al principio.

Si soy una persona dependiente y con miedo a la soledad, me pondrá al lado a parejas que me abandonen una y otra vez hasta que no me quede más remedio que enfrentarme a ese miedo para de ese modo trascenderlo. Sabemos que esto es Matrix, es un sueño, una ilusión en la que existe el dolor y el sufrimiento: el NO-amor, es decir, el miedo.

También sabemos que el miedo no es real, es ilusorio, solo el amor es real. Por eso, tal y como me pasó a mí, cuando te enfrentas al miedo a la soledad es cuando descubres que ese miedo no es real, que sola estás maravillosamente y que eres mucho más feliz que mendigando compañía en busca de felicidad tal y como hacías antes.

Eso que te daba tanto miedo se convierte en uno de los pilares de tu libertad y empoderamiento personal, esas son las reglas de Matrix, la vida siempre nos está empujando a descubrir que el miedo no es real. Las relaciones humanas son el principal instrumento de la vida para ayudarnos a recordar que somos Dios en esencia.

Seres infinitamente poderosos que no necesitan a nada ni a nadie para ser felices, que ya lo tienen todo porque todo les ha sido dado por el mero hecho de ser.

La vida es una belleza. Cuando yo comencé a comprender que todos los que me rodeaban me reflejaban algo acerca de mí, comprendí por qué en mi proceso de cambio perdí a tantos amigos.

En un momento de mi aprendizaje comencé a explorar la dimensión espiritual y fue como un *boom* para mí, de pronto parecía que solo quería absorber información, buscar, buscar y seguir buscando. Además, pasé por esa fase que muchos tenemos en nuestro despertar en la que de repente te interesas por el esoterismo, las regresiones, otros planos, etc. Ahora el mundo esotérico me interesa menos, pero digamos que en ese momento captaba plenamente mi atención.

Carta astral, canalización de maestros ascendidos, caminos cabalísticos… y todo ese conocimiento que te desborda en el momento en el que comienzan a despuntar en tu mente las infinitas posibilidades que surgen de cuestionar tu sistema de creencias.

Fue un lindo proceso que derivó en la paz interior y en la toma de conciencia de quién soy realmente. Sé que para mi círculo de amistades fue complicado escuchar toda esa nueva información que fluía de mí a borbotones y que ellos ni comprendían ni necesitaban en ese momento, y que tampoco habían pedido.

Ahora comprendo que tratando de hacerles partícipes de ese nuevo mundo que estaba surgiendo en mí no les estaba respetando. No estaba respetando su libre albedrío ni el hecho de que ellos pudieran comenzar su búsqueda por donde ellos quisieran.

Cuando todavía andaba muy revuelta integrando tantos nuevos conceptos y un poco perdida asentando y asimilándolo todo, mis amigos me dejaron de hablar.

Fue doloroso, yo no entendía nada, no entendía la razón. Para mí, ellos eran muy importantes ya que me habían consolado, me habían acompañado en mi dolor, habían jugado el papel de la familia que no tenía, me habían ayudado a volver a sonreír. Yo confiaba en ellos y, de pronto, cada vez que intentaba que quedásemos me daban largas, o cuando al fin conseguía verlos me reprochaban cosas: que si había cambiado, que si no estaba bien.

Hasta llegaron a decirme que decía cosas raras y que tenía que ir al psicólogo. Por fin estaba comenzando a encontrar respuestas, estaba comprendiendo de qué iba esto de la vida, por fin estaba juntando las piezas y restableciendo mi autoestima, y mis amigos no entendían, ni querían entender, nada de lo que yo decía.

Y cuando el ego no entiende algo, tiene miedo y quiere alejarse y aniquilarlo porque sabe que precisamente eso que no entiende es una amenaza para su supervivencia.

Así que me dejaron de hablar. En realidad me lo tomé bastante bien ya que estaba fascinada con mi nuevo mundo y lo tenía todo clarísimo. Haber descubierto la dimensión espiritual me daba paz, y tenía tan claro que ese mundo me hacía sentir viva que aunque me dolía la incomprensión de mis amigos estaba preparada para afrontarla y no dejar que me afectase.

Estaba constatando que éramos seres espirituales así que, ¿cómo podía importarme lo que dijeran mis amigos al respecto?

Siempre lo tuve muy claro y me daba igual si alguien me tildaba de loca; yo iba con mi verdad al fin del mundo.

Siendo niña viví episodios feroces de acoso escolar en los que me llamaban loca, y ahora creo que esa vivencia fue clave en mi proceso personal. El haberme topado con tanta incomprensión desde mi más tierna infancia me hacía ser capaz de enfrentarme a ella en la edad adulta de forma valiente. Fue lo que me permitió gritar a los cuatros vientos en octubre de 2014 en un congreso delante de 400 personas: «¡Somos seres espirituales!».

Así, sin miedo, grité mi verdad.

¡Joder! Estaba cuerda, siempre lo he estado, y eso me ha llevado a ser considerada una loca desde la infancia, y me está llevando ahora a escribir estas líneas; también me ha llevado a inspirar con mis vídeos a miles de personas en todo el mundo que cada día recuerdan, junto conmigo, quiénes son.

Me sano sanando, recordándoles a otros quiénes somos realmente y la belleza que subyace en nuestro interior.

Las cosas iban bien, yo había transitado mi miedo a la soledad, había salido airosa de mi desamor, había superado mi dependencia emocional. En otro orden de cosas también había terminado el máster y había conseguido un ascenso. De vez en cuando se me pasaba por la cabeza que echaba de menos a mis amigos, las risas, la fiesta, el compadreo, esa complicidad… y deseaba verlos, sentía nostalgia. Ahora sé que esa sensación es apego, pero por aquel entonces me resistía a soltarlos.

Y la vida, en su infinita sabiduría, me los puso de nuevo delante.

Coincidió que una chica del grupo se había ido a vivir a Valencia antes de mi distanciamiento con los demás, de modo que al volver a Madrid (y no haber constatado oficialmente *mi locura*) me llamó para quedar.

Yo acababa de impartir uno de mis primeros talleres y me sentía plenamente en paz ya que el taller y las sanaciones que se produjeron en él habían sido brutales. Me sentía alegre y confiada, satisfecha con mi nueva profesión, relajada. Entonces me llamó Mary para quedar en Lavapiés y no lo dudé un momento, me encantaba la idea de volver a verlos, de recuperarlos, de estar con ellos de nuevo. ¡Era una pasada! Hacía casi dos años que no les veía, pero los seguía queriendo. Eran mis amigos.

El universo había escuchado mis peticiones y me permitía volver a estar con ellos. Estaba muy ilusionada.

Según entré por la puerta del bar en el que habíamos quedado me preguntaron con sorna: «¿Qué?, ¿cómo está Rapel?».

Para quien no lo sepa, Rapel es un señor que sale en la tele diciendo tonterías, disfrazado de médium y asegurando que adivina el futuro. Para mí, es la antítesis de la espiritualidad. Luego me preguntaron por Sandro R., un adivino aún peor que Rapel. Y para terminar se pusieron a decir tonterías y desvaríos acerca de monjes y misterios esotéricos.

Cuando yo llegué, ya estaban borrachos; los observé y sentí mucha tristeza, al cuarto de hora se cansaron de mofarse de mí y se pusieron a lanzarse pequeñas pullitas unos a otros. Pude sentir su miedo, su dolor, cómo se envalentonaban al hacer bromas hirientes sobre los demás y cómo se relacionaban unos con otros.

Sentí que yo no tenía nada que ver con esa gente y recordé las palabras de Mandela cuando salió de la cárcel y tuvo que dejar a la mujer que le había estado esperando durante tantos años: «Nada como volver a un lugar donde nada ha cambiado para darte cuenta de cuánto has cambiado tú».

Para terminar de arreglarlo, uno de ellos me hizo un reproche sobre un día durante una borrachera en que yo le había dicho algo que le había hecho daño y bla, bla, bla... Le metí un frenazo. No estaba dispuesta a escuchar gilipolleces del pasado acerca de mi estado de embriaguez de hacía dos años. Eso ya no existía para mí. Si me había equivocado sinceramente me daba igual, parto de la premisa de que todos somos inocentes y hacemos lo que podemos. Me limpio el culo con la culpa. El pasado no existe y yo estaba allí en son de paz.

Duré dos horas allí y me fui dando las gracias al universo, a la vida y a la perfección de esta por haberme separado de ellos.

Para mí, ellos ya no eran espejitos; esa gente que fueron mi mundo y mis espejos ya no me reflejaban nada, y cuando dos energías ya no se reflejan nada, no tiene sentido que estén juntas porque se entorpecen la una a la otra en su desarrollo y en el momento que están viviendo.

Por eso, la vida se encarga de que esas energías continúen su camino por separado, aunque los locos humanos, desde nuestro APEGO, nos empeñamos en resistirnos al proceso y valoramos las relaciones como buenas y malas en función de su horizonte temporal. *Si eres mi amigo durante muchos años, eres un buen amigo.* ¡Menuda tontería!

Nos sentimos orgullosos de esas relaciones que duran muchos años como si fuesen mejores por eso, en lugar de entregarnos a comprender que las personas que nos rodean en este preciso instante son nuestros verdaderos maestros y nuestro reflejo; que lo único que existe es el momento presente y el único que necesita ponerle un horizonte temporal a las relaciones es el ego.

Somos incapaces de ver que debajo de ese «para toda la vida» hay un miedo latente a la carencia, a la soledad, a no ser capaces, a no poder solos; y también está la necesidad que tiene el ego de asegurarse un cuerpo a su lado para de ese modo paliar su miedo y sentir que ha conseguido algo. En realidad, asegurarte un cuerpo a tu lado no tiene nada que ver con el amor, con la apertura a la vida, con el disfrute o el gozo… solo tiene que ver con el miedo.

Mi mejor amiga desde los 13 años, Inma, tampoco comprendió mi proceso y también dejó de ser un espejo para mí.

Ahora bendigo a cada persona que se cruza en mi camino, intento confiar en ella y considerarla mi amiga ya que sé que es mi reflejo y no está separada de mí. Ya no necesito amigos que me demuestren su lealtad durante años, y reconozco el inmovilismo que se deriva de este deseo. Me abro a que la vida me ponga delante en cada instante a quien considere oportuno y trato de amar al que tengo enfrente sin que me tenga que enseñar un carnet de amistad de muchos años.

Pero, ¿existe mayor reflejo que el de la pareja?

Creo que deberíamos de comenzar a reconocer que cuando nos enamoramos en realidad nos estamos proyectando, es decir, estamos viendo aspectos nuestros en el otro, estamos atribuyéndole a otra persona nuestras propias características y peculiaridades.

Reconocemos en el otro nuestra belleza, inocencia y potencialidad; estamos viendo en él o ella nuestra magia, nuestra fuerza y nuestra grandeza. Eclipsados por nuestro ego somos incapaces de tomar conciencia de nuestra propia grandeza e inmensidad, por eso las proyectamos en otra persona, le atribuimos todas las características positivas que poseemos y al mismo tiempo añoramos, nostálgicos, en nosotros mismos. Pero somos incapaces de reconocerlo ya que estamos bloqueados por nuestro ego.

15
El enamoramiento

E L ENAMORAMIENTO ES UNA proyección, una idealización de alguien en quien ves toda tu magia reflejada, toda tu luz y tu belleza.

Todos reconocemos esa sensación de volvernos locos y sentir acelerarse la química de nuestro cuerpo. De pronto nos sentimos increíblemente bien, estamos enamorados, todo es genial, ¡mola!

Caminas por la calle con una inmensa sensación de satisfacción, ¡WOW! Te sientes pleno, te sientes bien, tu vida tiene sentido... estás enamorado.

Esos mensajitos de móvil que te regalan dos horas de subidón; esas ganas locas de contarle a todo el mundo que por fin has encontrado a la persona de tus sueños, ¡por fin! Has encontrado a tu media naranja, a tu alma gemela, ¡¡¡ohhhhh síííí!!! ¡Por fin puedes ser feliz! Tu vida tiene sentido. Has encontrado a tu mitad. ¡Ya estás completoooooo!

¿Vosotros creéis que eso es normal?

Más tarde vendrá la segunda fase, cuando de pronto ese ser al que he idealizado, en el que he visto mi salvación y el sentido de mi vida, ese ser por el que me he sacrificado y lo he dado todo... me decepciona y me defrauda. Entonces se convierte en un ogro feroz.

Ya no es lo que yo pensaba, resulta ser un egoísta… de pronto veo su sombra.

Esto también es una proyección, y es exactamente igual de disfuncional que la primera fase, pero todos reconocemos la disfuncionalidad en esa segunda fase de dolor y desamor, aunque somos incapaces de ver que la primera fase, a pesar de que en ella nuestra vida cobra sentido porque hemos encontrado a otra persona, es exactamente igual de disfuncional.

Pero, por favor, ¿cómo podemos pensar que alguien puede dar sentido a nuestra vida?

¿Cuál es la decepción de las madres abnegadas cuando después de años haciendo de sus hijos el sentido de sus vidas se encuentran con que estos dejan el nido?

Ellas caen en una profunda tristeza al no sentirse correspondidas, o peor, entran en dinámicas de control y competición con las parejas de sus hijos.

El sentido de la vida no te lo da tu pareja ni tus hijos… el sentido de **tu vida** te lo da tu propósito, tu misión, alinearte con lo que has venido a hacer y conectar con tu esencia divina.

¿Qué porquería es esa de proyectarse tan a lo bestia y pensar que por fin ¡estás salvado!?

¿No vemos que ambas fases son exactamente igual de disfuncionales?

¿Acaso no vemos que son dos caras de la misma moneda?

Es el ego proyectándose… y el bajón posterior es directamente proporcional al subidón previo.

Ese subidón de atribuirle a alguien la capacidad de hacerte feliz, de ocuparse de cuidar esas partes de ti no sanadas de las que no estás ocupándote tú mismo.

Pero qué sabia es la vida… A esos dos seres emocionalmente inmaduros que depositan su felicidad el uno en el otro los coloca en un juego de reproches y decepciones mutuas para que tomen conciencia de que solo cada uno de ellos tiene la llave de su propia felicidad. Así no les queda más remedio que madurar y responsabilizarse de sus vidas, no les queda más remedio que aprender a amar, aprender a ser felices y a no dar rienda suelta a su ego proyectándose en los demás.

El enamoramiento pone un parche a nuestro dolor unos meses, a lo sumo un año, pero ese dolor en ningún caso desaparece. Es solo un remedio transitorio, una ilusión que nos hace sentir que ya estamos bien, que todo está sanado y es perfecto, pero en realidad no es así.

Nuestro dolor, nuestras heridas, todo aquello que no nos hayamos mirado ni trabajado previamente continúa presente en el inconsciente. El estado de enamoramiento solo consigue que parezca que no está y que por unos meses nos sintamos sanos, plenos y llenos de ganas de vivir.

Con el tiempo, la química del enamoramiento desaparece, la proyección e idealización se esfuman, y nuestras heridas emocionales vuelven a quedarse en carne viva, abiertas, y sentimos el mismo dolor que sentíamos inicialmente, pero ahora con mucha más fuerza e intensidad. Responsabilizamos a nuestra pareja en lugar de tomar conciencia de que ese dolor y esa falta de aceptación y de presencia ya estaban en nosotros. En lugar de darle un espacio a nuestro dolor, en lugar de mirarlo, de acogerlo y sanarlo, en lugar de abrazarlo, trascenderlo y transitarlo hasta estar en paz, hemos elegido obviarlo, ponerle un parche y hacer como que no existe.

Esta decisión no puede ser más errónea, extraviada e irresponsable, pero nos aferramos a ella una y otra vez esperando que alguien venga a darnos lo que no nos damos a nosotros mismos, que venga a hacer un trabajo que solo nosotros podemos hacer, que venga a hacernos felices, a cuidarnos y a responsabilizarse de nosotros.

El ego nos dice que la responsabilidad individual es compleja, ardua, difícil y exasperante, pero… es la única opción que tenemos. Es el único camino, **la única forma de trascender el ego y volver a casa.**

16

La pareja como maestro

HE BEBIDO DE MÚLTIPLES fuentes, he estudiado todas las grandes tradiciones espirituales del mundo; me he adentrado en cientos de libros, he viajado por todo el mundo, he vivido en España, Suiza, Alemania y EE.UU.; he conversado con miles de personas de diferentes credos, procedencias y nacionalidades; y me he nutrido de muchos maestros, a los que siempre estaré agradecida por su aportación a mi proceso de conocimiento y crecimiento personal.

Medito todos los días, intento que mi mente piense desde su parte divina. He buscado y rebuscado, y he encontrado muchas respuestas y muchos maestros; pero hace tiempo que he comprendido que puedes ir a la India, a Tíbet (como me ocurrió a mí) o a la *conchinchina* buscando un maestro, pero que **el mejor maestro que puedes tener es tu pareja.**

Todas las relaciones humanas son espejos, pero la pareja es el espejo con el que convives, del que no te puedes escapar, es el «espejo 24 horas». Esto supone una enorme oportunidad de sanación, una oportunidad de ver tus heridas emocionales, de ver tu sombra reflejada fuera y tu ego en su máxima expresión.

En Un Curso de Milagros aprendí cómo la vida se encarga de transformar esas relaciones especiales en las que el ego busca su salvación en relaciones santas cuyo propósito es que recuerdes quién eres esencialmente, el amor que eres en esencia y que, por fin, puedas regresar a casa, a la fuente, a Dios.

Por eso **la relación de pareja es una enorme oportunidad de hacernos conscientes**, porque el universo no da puntada sin hilo y siempre nos enamoramos de un espejito. Un espejito que nos refleja el mismo nivel de inconsciencia en el que estamos inmersos y nuestras mismas proporciones de luz y sombra, pero con diversos ingredientes.

Todos estos ingredientes se van a potenciar con la alquimia mutua de la convivencia hasta que se conviertan en luz. El objetivo es que el aprendizaje sea bilateral y los miembros de la pareja se puedan nutrir el uno del otro y potenciar su parte de luz.

Todo esto ocurre de forma inconsciente, pero es increíble como la vida, el universo, el espíritu santo o como lo quieras llamar utiliza las relaciones de pareja (la especialidad del ego) al servicio de nuestro despertar y sanación.

La pareja te va a ofrecer una oportunidad de sanación y te va a mostrar tus heridas emocionales no sanadas.

Os puedo poner algunos ejemplos reales que demuestran esta teoría:

Ya he expuesto mi caso, y eso me da autoridad para afirmar en primera persona que no hay víctimas ni verdugos, sino que ambos miembros de la pareja son espejos, seres que no han aprendido a amarse a sí mismos y se relacionan con el otro desde ese plano.

Yo no quiero minimizar el sufrimiento de nadie, pero es importante que, cuanto antes, tomemos conciencia de que todo lo que nos ocurre lo estamos cocreando con otros espejitos, que tomemos conciencia de que no hay culpables; todos somos inocentes y desde nuestra inconsciencia hacemos lo que podemos.

Qué bonito fue darme cuenta de que esos hombres que me maltrataban no eran más que mis maestros, aquellos que me mostraban el camino y el propio maltrato interno que yo me infligía a mí misma al no valorarme. Las frases destructivas que me decían no eran más que las ideas inconscientes que yo tenía sobre mí, sus palabras se correspondían con mi propio diálogo interno, mi autosaboteador: la voz de mi ego.

Qué bonito fue reconducir mi vida, empoderarme, aprender a amarme, conectar con mi grandeza y que el mundo comenzase a reflejarme de golpe toda esa belleza. Qué bonito fue convertirme en quien soy realmente: una mujer poderosa y capaz de cualquier cosa para que sus relaciones reflejen ese cambio. Ahora por fin podría tener una relación de pareja con alguien que me cuidase, me mimase, me valorase y me respetase. Y qué bonito ver reflejado en el espejo de la vida que cuando tú cambias todo cambia. Igual que tú te respetes, te ames, te cuides y te valores, tu pareja te respetará, te amará, te cuidará y te valorará. ¡¡Qué bellezaaa!! Así, de pronto, descubres que siempre has tenido todo el poder y que la vida es maravillosa.

No tengo palabras para describir la vida… ¡La vida es simplemente maravillosa!

No tenemos que intentar cambiar a nuestra pareja para que se amolde a nuestras expectativas, eso no funciona; estás tratando de cambiar el efecto, no la causa. Es dentro de ti donde se debe producir el cambio para que tu vida lo refleje.

Nadie me valoró hasta que yo no aprendí a valorarme.

Quiero compartir contigo otros ejemplos de espejos que he conocido, ya reconvertida en *coach* de relaciones de pareja.

—He conocido a una pareja en la que él era muy bruto, muy tosco, decía lo primero que se le pasaba por la cabeza e inconscientemente verbalizaba burradas; y ella en cambio era extremadamente susceptible, todo se lo tomaba de forma personal, cualquier pequeño comentario le hacía mella y se ponía a darle vueltas a la cabeza y a infravalorarse, de modo que juntos estaban creciendo muchísimo. Ella estaba trabajando el no tomarse todo tan a la tremenda y aprendiendo a no ser tan susceptible; mientras que a él no le quedaba más remedio que aprender a filtrar y a empatizar. Ambos estaban aprendiendo a amar e inconscientemente se estaban convirtiendo en una mejor versión de sí mismos gracias a su pareja.

—He conocido a muchos dependientes con miedo a la soledad que se enamoraban una y otra vez de personas que los abandonaban para que no les quedase más remedio que enfrentarse a ese miedo y así poder crecer y empoderarse. Es bonito ver cómo el mayor acto de amor que se puede tener con un dependiente es soltarlo. El que estaba al otro lado del dependiente solía ser una persona con dificultades a la hora de poner límites, una persona que pensaba que tenía que hacer concesiones para que le quisieran, con un *modus operandi* de sacrificarse por amor. Qué gran oportunidad le estaba dando el dependiente, todo el día demandando afecto y atención para que por fin aprendiese a poner límites, a dejar de hacer concesiones, a tomar conciencia de que el sacrificio no le llevaba a ningún sitio, que era un callejón sin salida, y que debía empoderarse o el dependiente le iba a chupar la sangre. ¡Qué gran aprendizaje para los dos!

En muchas ocasiones los dos miembros alternaban los roles de dependiente-complaciente, de modo que ambos se veían obligados a abandonar sus personajes para sobrevivir a la relación.

En muchos casos cuando uno de los miembros de la pareja, o ambos, ha integrado la enseñanza y el aprendizaje, esas energías de pareja ya no le reflejan nada y la ruptura es lo más saludable para los dos; para seguir su camino en busca de nuevos espejitos. Generalmente el que está en el rol complaciente aprende a poner límites, de modo que acaba abandonando al dependiente, soltándolo y empoderándolo.

Qué bonito es poder verlo.

—Otro de los espejos que he visto es el de personas muy impulsivas que *montan escenas* con ataques emocionales. Ellos se suelen enamorar de personas frías, distantes y calculadoras, que no reaccionan de forma efervescente pero que pueden tirarse días enfadados castigándoles sin hablarles. ¡Bufff!, ambas son horribles manifestaciones del ego en las que la ira y el rencor se juntaban en una pareja.

El iracundo sufría mucho con la incomunicación y el castigo, y se intentaba contener antes de sufrir un ataque de ira.

El rencoroso se pasaba días enfadado por cada manifestación de ira, sufriendo muchísimo por tomársela como algo personal y pasándose, innecesariamente, demasiado tiempo enfadado. De modo que ambos aprendían a hacer ajustes, a moderar tanto su ira como su rencor si querían sobrevivir a la relación, inconscientes de que ambas manifestaciones egoicas eran equivalentemente dañinas.

Qué belleza contemplarlo.

—He visto espejos de personas cuadriculadas y meticulosas que daban mucha importancia a los detalles, a hacer las cosas de una manera determinada; y muchas veces sus parejas se comportaban espontáneamente, viviendo sin acogerse a un patrón, sin planificación ni normas. El otro miembro de la pareja se enfadaba porque se le rompían los esquemas, y precisamente eso era lo que estaba flexibilizando su rígido ego. Mientras que el otro, al tiempo, estaba aprendiendo a poner límites, a reafirmarse y no buscar constantemente la aprobación externa.

Todos estaban aprendiendo a amar.

—Otro de los espejos habituales es el de personas cuya pareja les es infiel, esto les hace ver su autoengaño, como ellos se engañan a sí mismos permaneciendo en relaciones en las que ya no son felices.

Inconscientemente, su pareja les engaña para que puedan ver su falta de honestidad consigo mismos y no les quede más remedio que aceptar que esa relación ya no funciona, por mucho que se hayan resistido a admitirlo.

—He visto espejos de personas muy agobiadas por el deber, por el «tengo que», por el trabajo y la disciplina, que se enamoraban de un *hippie* que les enseñaba la inutilidad de todo eso, que la vida es mucho más que disciplina y que las cosas se hacen desde el quiero y no desde el «tengo que». Les enseñan la inutilidad del sacrificio.

—He visto personas intolerantes que se enamoraban de personas que justo representaban todo aquello que condenaban.

—He visto personas con problemas con el dinero que se enamoraban de otras que vivían en clave de abundancia.

El espejo que más tiempo tardé en descifrar y más cautivó mi atención fue el espejo de Cristina. Cristina acudió a mí con un incipiente despertar espiritual; no solo había comenzado a leer y había encontrado en diversos sitios la información sobre la vida como espejo y la pareja como el espejo por excelencia, sino que estaba fascinada por el conocimiento de que había más dimensiones más allá de la tercera y que nosotros éramos seres multidimensionales.

No tengo ninguna duda de que somos seres multidimensionales y que mi yo superior guía cada uno de mis movimientos, pero lo que realmente me interesaba comprender era por qué a Cristina se le manifestaba una pareja tan dura como un alcohólico.

No lo entendía porque yo no veía su problema con las adicciones por ningún lado, de modo que me puse a observarla atentamente, incapaz de ver el espejo en su problemática.

Indagando, comencé a conocer a más personas con una pareja inmersa en algún tipo de adicción, ya fuera ludopatía, drogas o alcohol. El proceso de exploración del enigma duró meses y durante ese tiempo quería comprender qué le pasaba a Cristina y por qué se le manifestaba esa pareja. Yo era consciente de que su pareja era su espejo, pero era incapaz de comprender dónde estaba el aprendizaje.

Cristina, a pesar de que poseía un conocimiento fuera de lo común, en una ocasión rivalizó conmigo en un taller, era como si se comparase conmigo como terapeuta, entonces sentí su envidia. De pronto, al escucharla hablar sentí su dolor y cómo se comparaba. Había en ella mucho ego espiritual. Era maestra de *reiki*, iba repartiendo amor, pero en su interior había mucho rencor escondido; había vivido una infancia muy difícil y el resentimiento hacia sus padres la acompañaba cada día.

En esa época comenzaron a aparecer más y más personas con una pareja afectada por el alcoholismo pidiéndome ayuda, incluso uno de mis clientes era una persona que había superado un alcoholismo.

Yo sabía que la vida me estaba mostrando algo, pero continuaba sin verlo.

Estudiando la sombra y después de mucho cavilar, comprendí lo que estaba ocurriendo.

Todos juzgamos como mala una parte de nosotros, esa parte de la que nos avergonzamos, aquella que siente ira o envidia, esa parte de nosotros que es agresiva y que en ocasiones manifiesta rabia... y la reprimimos. Esa parte que juzgamos como mala es la sombra, que, paradójicamente, cuando reprimimos hacemos más grande, dándole fuerza y poder. Esa sombra tiene que salir por algún lado ya que es una energía de ira o rabia que necesita ser canalizada. ¿A alguien le suena esa persona dócil y complaciente en el trabajo que cuando llega a casa es agresiva con su pareja?

Esa persona tímida, suave y complaciente que de pronto comete una atrocidad, esa es la sombra.

Todos tenemos un lado oscuro, una sombra que muestra la dualidad inherente a la condición humana, y reprimirla es lo peor que podemos hacer con ella, porque entonces la sombra toma el control.

La tradición religiosa de nuestro país nos ha hecho creer en la culpa y en el pecado, nos ha hecho creer que tenemos que ser buenos sin tener en cuenta el riesgo que corremos cuando se nos obliga a reprimir una parte de nosotros.

Eso que consideramos malo tiene que salir por algún sitio, y el alcohol es el «sitio ideal». Las personas que intentan ser buenas a toda costa, que intentan ser complacientes para que las quieran y no se permiten ser quién realmente son canalizan ese miedo a ser ellos al 100% con el alcohol y las drogas, porque en esa faceta son totalmente ellos y dan rienda suelta a todo lo que piensan. De ese modo, tienen una fuerte dualidad no integrada, es como si fueran dos personas diferentes. El alcohol y las drogas permiten a mucha gente expresarse sin miedo, sentirse poderosos y dejar de lado todas las barreras mentales que les impiden ser ellos mismos al 100%.

El alcohol y las drogas son la vía de escape para canalizar todo aquello que reprimimos de nosotros mismos. Por ejemplo, si estoy sufriendo, me siento frustrado o no encuentro razones para vivir, el alcohol puede ser la excusa perfecta para salir a divertirme, montar una *superfiesta*, sentirme eufórico y dar rienda suelta a toda esa frustración, canalizándola y reconvirtiéndola en ganas de vivir. Por eso, es tan adictivo, porque es un área en la que nos sentimos poderosos y no tenemos miedo.

En realidad, deberíamos de poder permitirnos ser nosotros al 100% siempre, no solo cuando estamos embriagados. Si lo hiciéramos, tendríamos la sombra integrada, podríamos ir poquito a poco trascendiendo la dualidad y convirtiendo esa agresividad o esa ira en fuerza motriz o asertividad, convirtiendo esa timidez en espontaneidad, es decir, encontrando el equilibrio entre nuestros dos lados.

Yo trato de ser siempre yo misma y de no reprimirme, trato de expresar lo que siento, de modo que a veces tengo una salida de tono o le doy un corte alguien, y hay gente que me dice «una *coach* como tú, ¿cómo puede hacer eso?».

Y sonrío, es lo que hago ahora. Antes montaba escenas, rompía cosas y me ponía agresiva. Eso sí, siempre de puertas para dentro, de puertas para fuera era dulce y dócil. Ahora no soy ni lo uno ni lo otro, y a veces contesto con mucha fuerza, pero no le monto escenas a nadie. He integrado positivamente mi agresividad y soy más yo, sin tanta dualidad ni tanta máscara. Hay gente que te juzga por no ser ideal, pero, seamos honestos, ¿existe alguien ideal?

No se trata de ser perfecto, ¡se trata de ser tú!, de aceptarte. Y paradójicamente, cuando dejas de juzgarte y machacarte, dejas de juzgar y machacar a los demás, porque el modo en que les juzgamos es directamente proporcional a cómo nos juzgamos a nosotros mismos.

Cuando yo acepté que dentro de mí había una mentirosa, manipuladora e iracunda, miedosa en ocasiones y envidiosa en otras, de pronto comencé a ver con ternura a todos los mentirosos, manipuladores e iracundos que conocía. Entendí que lo hacían desde la inconsciencia, que eran sus heridas emocionales y sus estrategias de supervivencia aprendidas en la niñez cuando se sentían profundamente heridos en su búsqueda de amor y aceptación las que les llevaban a actuar así. Por eso, cuando le veía la sombra a alguien trataba de poner amor, no de corregirlo ni de cambiarlo, sino de amarlo.

La pareja siempre nos va a reflejar nuestro lado oscuro. Y qué bonito que así sea, qué belleza poder trascender nuestra sombra con ayuda de nuestra pareja.

Entonces comprendí por qué a Cristina se le manifestaba una pareja con adicciones. Las adicciones tienen que ver con una sombra no integrada, son la dualidad; y ella estaba viviendo una profunda dualidad al ser maestra de *reiki*, taaaan presuntamente espiritual y llena de amor, y sin embargo estar tan resentida y llena de dolor por dentro en la relación con sus padres. Mucha luz y mucha sombra no integradas, lo cual genera una pareja con mucha luz y mucha sombra no integradas. Un locurón de desamor que te puede llevar a tomar conciencia de tu propio desamor interior.

Esta vivencia le llevó a tomar conciencia de la necesidad de perdonar a sus padres y se dio cuenta de que no se conocía tanto como ella pensaba. Que a pesar de ser conocedora de los maestros ascendidos y la multidimensionalidad del ser, no había hecho una labor propia de introspección. Este episodio le ayudó a avanzar y ser una mejor versión de sí misma, creciendo y tomando conciencia de su incipiente ego espiritual. Pero, sobre todo, este episodio le ayudó a soltar su pasado, perdonar y convertirse en una mujer feliz.

17

El amor no implica sacrificio

«A MOR», QUÉ PALABRA más denostada. Es increíble la facilidad con la que la gente acepta que el amor debe ir acompañado de sacrificio, que una relación supone renuncia y que es necesario un sacrificio de ambos miembros para que la relación pueda perdurar en el tiempo.

Para mí, esto no es más que una muestra de lo denostada y mancillada que tenemos la palabra «amor». El amor real es comunión y expansión, y no puede ir acompañado de sacrificio. El sacrificio implica renuncia y limitación, y para mí el amor no puede ser limitado, contingente y finito, sino que es una energía de expansión.

Lo grave no es que después de una larga convivencia o de tener descendencia no nos quede más remedio que renunciar a parte de nuestra libertad individual en aras del bien común, lo cual es hasta lógico y necesario ya que si no renunciáramos a algunas cosas y a parte de nuestro tiempo difícilmente íbamos a poder tener y criar a nuestros hijos. No obstante, cuando preguntas a los padres y madres lo que suponen para ellos estas renuncias sonríen, dan por bien empleadas las horas de sueño perdidas, las noches en vela y los sábados en casa a las 20:00. Ellos no lo sienten como un sacrificio ya que lo hacen por el bienestar de sus pequeños. Altruistamente dan sus vidas por una causa mayor: sus hijos. Eso es fantástico ya que los niños no se valen por sí mismos, son individuos dependientes de sus padres en todos los sentidos.

Pero la cuestión es muy diferente cuando entre dos adultos se da por supuesto que su relación de pareja va a estar marcada por el sacrificio, lo cual es visto como algo normal y está totalmente aceptado por la sociedad: el compromiso implica sacrificio. Y digo yo, ¿cómo el amor entre adultos que se relacionan desde la igualdad puede implicar renuncia o sacrificio?

Quizás esto pueda ser así en relación con renunciar a tener sexo con otras personas ya que esto es algo comprensible. Pero te voy a contar algo: he descubierto que las personas establecemos vínculos energéticos con la persona con la que tenemos relaciones sexuales y que el acto sexual es una manifestación suprema de la energía de la creación que debe tratarse con sumo respeto y compartirse con alguien a quien realmente amemos. No comprendo, en ese plano, como se puede entender como renuncia, quizá por mi condición de mujer, pero de mí no nace esa entrega más que con una persona.

Así mismo, la renuncia en relación a gustos y aficiones me parece absurda, porque si bien puedo compartir mi vida con alguien que tenga aficiones diferentes a las mías, soy libre de disfrutar sola mis hábitos sin renunciar a nada, y cuán enriquecedor es retornar posteriormente a la pareja y compartir el fruto de esas experiencias sin que ninguno de los dos sienta que ha renunciado a nada.

¿Renunciar a qué? ¿A mi propio espacio? Si compartir con alguien mi espacio supone una renuncia, hagámonos un favor dejando una habitación, o un lugar que sea un espacio sagrado, para cada uno de los miembros de la pareja; un espacio que el otro no pueda invadir ni ultrajar, y sintámonos soberanos de nuestro espacio, aun dentro del marco de compartir vivienda.

¿Hacer renuncias por la familia del otro? Si bien en ocasiones la imposición mutua de las familias es un engorro, siempre debería haber espacio para la asertividad, de modo que la influencia temporal de ambas familias fuera limitada en el tiempo en caso de ser percibida como incómoda por alguno de los miembros.

Yo no veo la necesidad de sacrificio por ningún lado, de hecho, encarar la relación con la idea de sacrificio ya implica identificarse como un ser carente que necesita al otro para su plenitud. Y, al necesitar, estoy dispuesto a hacer lo que sea necesario para que el otro pueda cubrir esa necesidad. Es decir, tengo miedo de que si no cedo la otra persona se vaya dejándome de nuevo como el ser carente que soy (o más bien el ser carente con el que me identifico y que creo ser).

De modo que hago lo que sea menester para asegurarme de que la otra persona se queda a mi lado. Es un modo de relacionarnos inmaduro que nos convierte en individuos dependientes y vulnerables.

18
Los contratos

E<small>N MI TRABAJO SOBRE</small> las relaciones de pareja, he comprendido que en muchas ocasiones llamamos amor a cosas que no tienen nada que ver con el amor. Establecemos contratos inconscientes entre nosotros para la cobertura mutua de necesidades. Contratos que nos llevan a sacrificarnos y disciplinarnos, renunciando a nuestra libertad, pero que nos permiten sentirnos seguros y a salvo, y paliar nuestros miedos, esos tan profundos que nos mueven inconscientemente y no nos permiten amar realmente.

Por favor, ¿hay algo más limitante que el compromiso de estar con alguien para toda la vida? ¿Dónde está el fluir? ¿Dónde está la presencia? ¿Dónde está el experimentar el ahora? ¿Y el desapego? ¿Y el abrirnos a lo que tenga que ser?

No le veo ningún sentido, y creo que el matrimonio está basado en el profundo miedo que sentimos a ser carentes, a estar incompletos, a no valernos por nosotros mismos y a la soledad.

Buda, Jesús, Lao Tse, Santa Teresa de Jesús y todos los grandes maestros espirituales no estaban interesados en el matrimonio, vivían en el ahora y no necesitaban ese tipo de contratos de cobertura mutua de necesidades. Buda, de hecho, abandonó a su mujer y a su hijo en su búsqueda de la felicidad.

No quiero hacer una guerra contra el matrimonio, puedo entender que quizá sea una experiencia vital fantástica y que puede darte un nido donde sentirte seguro a la hora de traer hijos al mundo. Solo quiero que analicemos nuestras motivaciones en un nivel más profundo y cómo, en muchos casos, el miedo está presente en esa decisión. Si hay miedo no puede haber amor, porque **el amor y el miedo no pueden coexistir**. Por eso, muchas personas se casan porque ven una oportunidad para emanciparse de sus padres, para viajar, para no estar solos, para solucionar su economía, para poder tener hijos o por los hijos, o simplemente por las apariencias, porque se quieren acoplar al modelo de lo socialmente aceptado.

Y, al final, nos casamos por un montón de condicionantes que poco tienen que ver con el amor.

Y está bien, es absolutamente humano. Yo no me he casado, pero si hubiera surgido la oportunidad en momentos concretos de mi vida seguro que lo hubiera hecho; y desde luego me he visto inmersa en relaciones con contratos de cobertura mutua de necesidades en muchas ocasiones; a veces era tan simple como que no sabía qué hacer con mis fines de semana y mi pareja me proveía de planes para esos días, y simplemente eso ya bastaba para mí.

Tenía miedo a quedarme sola los fines de semana, así que una pareja me venía bien… Y no pasa nada, es algo que todos hacemos. Pero, por favor, vamos a dejar de autoengañarnos y contarnos que somos muy buenos y amamos mucho, cuando en realidad tenemos un montón de condicionamientos egoicos que nos llevan a estar en pareja.

He visto tantos matrimonios que llevan más de 20 años juntos pero que en realidad no se aguantan y viven una farsa da cara a la galería por miedo a la soledad.

He visto a tantas personas tener miedo de sus parejas y ocultarles cosas.

He visto tantas uniones basadas en contratos; he visto tanto miedo que perpetuaba las relaciones y las hacía durar.

En una ocasión, asistí a un taller que versaba sobre la autoestima (ya que antes de generar mis propios contenidos me nutrí de los contenidos de muchas personas: psicólogos, terapeutas y maestros espirituales). En el taller había una chica con cáncer de mama, no sé en qué lado lo tenía porque no me atreví a preguntarle, pero según la teoría de la bioneuroemoción del gran Enric Corbera, en uno de los lados está relacionado con los hijos y en el otro con la pareja. Estoy convencida que su problema provenía de la pareja.

Se puso a contarnos que su pareja la había abandonado; era una chica monísima y no hacía falta ser Einstein para ver que sentía una gran dependencia emocional. Su pareja la había dejado por otra y ella estaba desconsolada. Estaba recurriendo a la medicina tradicional y recibiendo un tratamiento de quimioterapia, ni se le había ocurrido vincular la enfermedad que estaba sufriendo con una causa emocional y le echaba en cara a su pareja que la hubiese abandonado justo cuando tenía un cáncer.

Y sollozaba, lloraba y suspiraba: «Yo quiero una pareja para toda la vida, yo estaba con él para toda la vida».

Otra vez salía a relucir el ego con el «para toda la vida». Miedo, miedo y más miedo.

Era obvio, su cuerpo le estaba avisando de que ese «para toda la vida» le estaba limitando, de que enfrentarse a su soledad le iba a ayudar a empoderarse, a recordar el ser pleno y poderoso que en realidad era. La vida le estaba empujando a expandirse y reconocer todo su poder, y ella seguía *erre que erre* sintiéndose pequeña, carente y abandonada.

Su pareja le estaba dejando y eso era un *regalazo* porque ya no se aguantaban, ya no eran felices, y ella podía dar un salto cuántico hacia la verdadera felicidad y el empoderamiento. Pero ella seguía llorando y sufriendo por el abandono en lugar de aceptar lo que estaba pasando y aprender a ser feliz y a amarse, y de ese modo poder amar a los demás.

Ella estaba eligiendo sufrir, y su cuerpo, mediante el cáncer, estaba tratando de avisarle de que todo estaba bien, de que el único problema era su resistencia. «Pobrecita de mí, qué víctima soy». El ego tomando el control de una vida.

Traté de interpelarla y hacerla reaccionar, que viera que el drama solo existía en su mente, traté de hacer colapsar su forma de pensar, pero no fue nada fácil porque los otros egos de la sala sentían pena por ella, esa falsa compasión de sentir que no estás tan mal porque hay alguien peor que tú. Eso es algo que le encanta al ego, es el morbo.

El ego se siente de nuevo especial porque se compara con alguien peor, de modo que mis intentos de verla como un ser pleno y de empoderarla se vieron frustrados por los egos de la sala que me mandaron callar y me achacaron falta de empatía.

Un Curso de Milagros dice que nunca veas a tu hermano como un enfermo, sino como un ser pleno, capaz y poderoso. Si le ves como un enfermo no le estás ayudando.

No era mi taller y nadie me había preguntado, así que me callé. Esa y otras experiencias me enseñaron que en la vida solo hay que ayudar a quien te lo pide, porque si no, te estás entrometiendo en un proceso privado e infringiendo el libre albedrio de la persona a la que quieres ayudar.

Por eso, Dios no interviene directamente en nuestras vidas cuando elegimos sufrir, como le pasaba a esa chica, porque eso sería no respetar nuestras elecciones ni nuestro libre albedrío.

En una ocasión, mientras escribía este libro, una de mis amigas acudió a mí llorando. Había iniciado una relación de pareja hacía apenas seis meses y ahora estaba llorando desconsolada, diciéndome: «Él me pidió que confiase en él. Yo al principio desconfiaba, pero fue él el que me dijo que podía confiar en él... Fue él el que me pidió que me relajase, el que me dijo que me quería y que lo diese todo... Entonces, finalmente cedí y me involucré en la relación. Ahora lo estoy dando todo y mira lo que pasa, no lo valora y dice que le estoy agobiando y que duda de si realmente quiere estar conmigo».

No paraba de repetir que él le había demandado esa máxima involucración afectiva y ahora que ella se la estaba dando y se desvivía por él, él la rechazaba.

Yo la miraba a los ojos tratando de ayudarla a ver las variables que se estaban poniendo en juego; no era nada injusto, en realidad era perfecto... todo siempre es perfecto.

Ella tenía un asunto pendiente de dependencia emocional, y de forma inconsciente depositaba muchas expectativas y le atribuía demasiado poder a su pareja sobre su felicidad.

Había pasado por varias relaciones caóticas y destructivas, y finalmente había salido reforzada porque había comenzado a construir su autoestima. Lo había dejado con su anterior pareja, con quien había vivido episodios duros de mucho desamor. Se había centrado en sí misma y había comenzado a atender sus propias necesidades, a escucharse, a hacer planes, a salir con gente. Es una chica divertida, no le faltaban amigos ni planes. Ella tiene mucha luz y acepta a todas las personas, tiene amigos muy variopintos y conecta con muchas personas diferentes, los acepta y no los juzga, pero continúa esperando a su príncipe. En su proceso recuperó su fuerza y se reconectó consigo misma, incluso se puso a estudiar de nuevo y a pensar en su futuro profesional, que lo tenía completamente descuidado mientras se centraba en sus relaciones destructivas.

Al haber hecho ese movimiento energético para aprender a amarse, hacia el reconocimiento de sus necesidades y para llegar a ser una naranja completa, eso propició que apareciera otro espejito con el que compartir su vida.

La vi hace unos meses y estaba radiante, tenía un novio que la quería, la apoyaba y la valoraba. ¡WOW! Por fin.

Cuando las personas entramos en el «por fin» nos volvemos un poco locas, es como si, inconscientemente, un código mágico nos dijera: ¡Por fin estoy salvado!

Entonces entonamos el: «he encontrado al hombre de mi vida» o «eres la mujer de mi vida». Y no nos damos cuenta de que el único hombre o mujer de nuestra vida somos nosotros mismos.

Hace años que decidí dejar de ser la mujer de la vida de nadie y comenzar a ser la mujer de MI VIDA.

Mi amiga estaba en la fase de «he encontrado al hombre de mi vida».

Y en ese momento, a todos nosotros, nos entra un enorme miedo al abandono, a la pérdida, a que se vaya, a que se acabe… y entonces dejamos de amar.

Ella había dejado de amar, inconscientemente tenía miedo al abandono, a volver a quedarse sola, y con su miedo estaba consiguiendo que su pareja se alejase.

Como tenía miedo, trataba de controlarle, de hacer cosas por él, de satisfacerlo, de proponerle planes; trataba de hacer todo lo posible para perpetuar la relación, y cuando entramos en esa dinámica entramos en la carencia, en el vacío existencial, dejamos nuestro poder en manos de las circunstancias externas, estamos vibrando en el miedo, y el espejo de nuestra vida nos devuelve desamor.

El ego nos cuenta que somos muy buenos y que nuestra pareja nos ha manipulado porque el ego no quiere que reconozcamos nuestro poder y que recordemos que todo lo que está pasando lo estamos creando nosotros con nuestra falta de empoderamiento y falta de amor hacia nosotros mismos.

Yo me afanaba por explicarle que eso que ella llamaba «volcarse en la relación» en realidad era mendigar amor, y que no surgía de la autosuficiencia o el empoderamiento personal, sino de la carencia. Que aunque ella pensaba que estaba dándose mucho, en realidad estaba firmando contratos y haciendo concesiones en su infructuosa búsqueda de afecto. Y el que él no respondiese a sus demandas (eso que ella consideraba tan injusto) en realidad era maravilloso porque la estaba obligando a acabar con ese comportamiento compulsivo. Él la estaba obligando a cambiar su carente autopercepción de sí misma, la estaba empoderando... pero ella no lo veía.

Y, ella, a su vez le estaría enseñando algo a él, aunque como no le conozco no sé de qué se trata.

Ella, se aferraba a sus palabras, y estoy segura de que cuando su novio le pidió más involucración, él lo deseaba sinceramente... ¿Y? ¿Vamos a condenar a alguien a que sea esclavo de sus palabras para siempre?

Todos hemos dicho y hecho cosas, y luego hemos decidido cambiar de opinión, sin ir más lejos yo trabajaba de mercenaria del sistema en una multinacional farmacéutica y ahora me dedico a despertar conciencia.

¿He cambiado?

Sí.

¿He decidido cambiar mi forma de pensar?

Sí.

¿Las personas podemos cambiar?

Desde luego que sí, y además ¡tenemos derecho a cambiar!

El pasado no existe y las palabras que dijera su novio en un momento dado, así como la reacción que hubieran provocado en ella no importaban; ahora lo único importante era que ella se empoderase en el instante presente.

El pasado da igual, aferrarnos a él es apego. El ego es el que vive cómodamente en el pasado.

Para mi amiga era el momento de pasar página y sencillamente tomar conciencia de que estaba agobiando al chaval... El presente, este «instante santo», es la única posibilidad de liberarnos y sanarnos.

Engancharse en el «me dijo y yo hice tal porque él quiso» no sirve de nada. Es un desgaste emocional y energético en el que mi amiga se olvidaba de su auténtica naturaleza. Yo no paraba de repetirle: «Eres una Diosa». Y claro que es una Diosa, es una expresión de la divinidad, ¡qué coño hace llorando y jugando a ser una víctima! Eso no la empodera y no la ayuda a ser feliz.

Solo sé que el universo no da puntada sin hilo, que ningún encuentro es casual, que todo es perfecto y que la vida está dándoles a los dos una oportunidad de crecimiento.

Todo era pura belleza... la escuchaba llorar desconsolada y pensaba que en realidad era la situación idónea para sentirse feliz desde la aceptación y no sufriendo desde la resistencia.

Y pensé en la empatía, qué daño hacemos cuando *empatizamos* con alguien y nos creemos su drama. Actuando de ese modo le reforzamos su tragedia en lugar de hacerle ver la perfección de las cosas.

Me encontraba reflexionando sobre esto mientras tomaba unas sidras en una terraza con unos amigos y hablábamos sobre la falsa empatía y sus desastrosas consecuencias, cuando se me acercó un chico de mi edad a pedirme dinero. Me contó que dormía en la calle y comía en un comedor de la beneficencia. Le miré a los ojos y con todo el amor y respeto del que fui capaz le dije: «No te voy a dar nada, porque si te doy algo no te estoy empoderando. Si realmente te quiero ayudar te tengo que ver como un ser pleno y capaz, capaz de ganarse la vida por sí mismo, capaz de generar su propio dinero.

Así que darte dinero no te ayuda en absoluto, en cambio mirarte y contemplarte como el ser todopoderoso que eres, sí».

El chico tardó unos segundos en reaccionar, pero luego esbozó una sonrisa. Se iba sin decir nada, sin rechistar, sin dinero pero en paz. Se giró un momento, me miró y solo me dijo: «Gracias».

Cuando se había alejado unos 10 metros de pronto se giró y me preguntó: «¿Qué eres?, ¿psicóloga?».

Yo le respondí que sí. No lo soy, pero puede decirse que soy mucho más que eso. Creo que una conexión esencial es mucho más poderosa que cualquier carrera universitaria.

Estoy segura de que al chico algo le hizo clic en su interior y le ayudé infinitamente más que si le hubiera dado 1.000 euros.

La conversación con los chicos de la terraza siguió y fue muy enriquecedora. Les conocía porque habían asistido a uno de mis talleres y allí habían aprendido lo nocivos que eran los contratos interrelacionales para nuestra plenitud, cómo estos perpetuaban nuestro miedo y nos hacían sentir carentes.

Después de su paso por mi taller, habían reflexionado sobre la cantidad de contratos de cobertura mutua de necesidades que tenían, no ya en su relación de pareja, sino en todas sus relaciones personales. Desde entonces comenzaron a hacer las cosas cuando realmente les apetecía. Si sus amigos les llamaban y no les apetecía acudir, se escuchaban a sí mismos antes que a nadie; no cedían a la presión grupal por miedo, sino que actuaban acorde a su sentir; si tenían que decir que no, lo decían sin pesadumbre… y se sentían mucho más plenos, libres y capaces.

Tuvieron que hacer ajustes, ya que en su grupo de amigos su actitud provocó algunas críticas y hubo quien no aceptó su cambio y les juzgó por no estar siempre ahí, pero a pesar de ello continuaron escuchándose. El estar siempre disponibles es considerado una gran virtud por la sociedad, pero, si no me apetece estar ahí, ¿tengo que hacerlo por obligación? Anda ya. Es el ego, desde su miedo al rechazo y a la no aprobación externa el que nos cuenta que tenemos que estar siempre ahí para ser considerados buenos amigos.

Bea y Sergio comenzaron a empoderarse, a no hacer concesiones, a amarse de verdad y a decir «no» a los planes que no les apetecían. Además de su historia de pareja, ellos tenían el rol de organizadores dentro de su grupo de amigos, pero ese rol les empezaba a pesar. Ya estaban cansados de esa responsabilidad, y a veces la ejercían a desgana. Así que decidieron unilateralmente rescindir sus *contratos* y comenzar a hacer las cosas desde el «quiero» y no desde el «debo», y resultó ser mágico. Algunos amigos no lo entendieron y les criticaron, pero ellos se sentían totalmente en paz, y nuevas amistades y personas maravillosas aparecieron en sus vidas.

Por fin se sentían libres y a gusto haciendo las cosas desde el corazón en el momento que les apetecía. Incluso les explicaron a sus amigos que ya no querían más contratos en sus vidas, que ya no querían vivir en el miedo ni buscaban la aprobación o la aceptación de los demás. Con esta nueva actitud se empoderaron y entraron en la aceptación plena del momento presente.

Una mañana me llamaron para decirme que estaban en Asturias. En ese momento yo también me encontraba allí. Ese día estaba en pijama en *modo sofá* y no me apetecía quedar, así que simplemente les dije que no me apetecía quedar en ese momento y que podríamos vernos después de comer. Normalmente vivo en Madrid; ante esa situación muchas personas se hubieran sentido obligadas a vestirse y salir de casa para hacer de anfitrión local a los madrileños que estaban de visita. Yo sentí que en ese momento no me apetecía, y Bea y Sergio, que habían decidido rescindir sus propios contratos, lo comprendieron perfectamente y se quedaron en la playita hasta la hora de comer, cuando a mí me apetecía quedar y a ellos también.

Esto es solo un ejemplo, pero sirve para ilustrar que cuando uno rescinde sus contratos de obligatoriedad, la vida se vuelve más fácil para todos. Todos teníamos ganas, todos nos sentíamos bien y nadie hacía nada por obligación. Del mismo modo que ellos se permiten decir que no, no juzgan a nadie porque haga lo mismo y atienda su sentir.

19

Decir «no» es un acto de amor hacia ti mismo

ME ENCANTA LA FACILIDAD con la que los niños dicen que no. Cuando no quieren algo simplemente dicen: «No lo quiero»; cuando algo no les gusta dicen: «¡NO!»; cuando alguien les molesta le piden: «¡Déjame!».

Son fantásticos, están conectados con su sentir.

Están conectados con las cosas que realmente les apetece hacer. No hacen nada a desgana y tampoco hacen concesiones.

Escuchan su GPS emocional y lo siguen.

Lamentablemente, cuando van creciendo empiezan a sentir miedo y aprenden las tonterías que les enseñamos los adultos.

En su afán de hacerse querer, aprenden a buscar aceptación y a sacrificarse, e incorporan el mundo del ego a sus vidas.

Crecen en una sociedad donde se tilda de egoísta a alguien que se ama a sí mismo, y cuando entran en contacto con el mundo adulto aprenden un programa contrario a su sabiduría esencial.

Por eso, es muy sano, y muy necesario para poder amarnos, aprender a decir «NO» cuando sentimos que no queremos hacer algo.

De ese modo, poco a poco, iremos reconociendo nuestras necesidades, reconduciéndonos hacia las cosas que realmente nos satisfacen y nos hacen felices.

Cuando éramos niños, aprendimos a reprimir nuestras necesidades, a decir sí cuando queríamos decir no, pensando que si no lo hacíamos no éramos buenos y nadie nos iba a querer.

Esto nos ha llevado a un callejón sin salida donde, a pesar de reprimir nuestras necesidades y hacer un enorme esfuerzo para que los demás nos quieran, no nos sentimos valorados. Pero llega un momento en el que nos damos cuenta de que reprimir nuestras necesidades y sacrificarnos por los demás no funciona.

Es el momento de tomar conciencia de la importancia de decir no, de poner límites, de escucharnos y atender a nuestros deseos.

Todos tenemos un GPS interior que nos lleva a identificar las situaciones que queremos experimentar. Nuestro corazón siempre nos indica el camino, pero lamentablemente nos hemos desconectado de él al reprimir sus latidos emocionales durante toda la vida. ¿Cómo si no, habríamos podido sobrevivir al obsoleto sistema educativo en el que estuvimos inmersos por obligación durante largos años? ¿Cómo hubiéramos podido soportar un sistema educativo en el que nos clasificaban y evaluaban, nos juzgaban y ponían etiquetas de «bueno» o «malo» como si eso fuera normal?

Nos miden a todos por el mismo rasero enfermizo de un sistema automatizado que promueve la robotización de las personas. Nos dicen que las actividades creativas como el arte o el teatro no sirven para nada y no nos van a dar de comer. Y poco a poco nuestro niño se va apagando y nuestro corazón se desconecta para sobrevivir. ¿Cómo si no iba a aguantar ocho horas sentadito en un aula escuchando conocimientos obsoletos? ¿Cómo iba a poder soportarlo, si no era desconectándose de su esencia?

Así que apagamos nuestro GPS interior para no sentir dolor y poder soportar una vida sin sentido, y nos olvidamos de nuestra grandeza.

El primer paso para recuperar tu GPS interior es decir que no a las cosas que realmente no te apetece hacer, no hacer contratos por miedo y traicionarte a ti mismo convirtiéndote en el personaje que lo demás esperan que seas.

Del mismo modo, no debes tratar de cambiar a nadie y debes aceptar los noes de los demás así como su libertad para hacer cosas que desde tu punto de vista son ridículas.

Este refrán popular refleja muy bien esta enseñanza: «Más vale ponerse una vez colorado que ciento amarillo».

¿Cuántas veces habremos dicho que sí cuando en realidad pensábamos que no, y nos habremos metido en enrevesados conflictos por no escuchar nuestro sentir desde el primer momento?

¿Cuántas veces nuestro estómago nos ha avisado con un nudo de que esa situación no era lo que deseábamos, pero aun así decidíamos no escucharlo, apagar los síntomas de nuestro cuerpo con un fármaco y hacer como si no pasase nada?

¿Cuántas veces nos hemos negado a nosotros mismos movidos por un miedo inconsciente?

Tú puedes elegir que hoy comience el resto de tu vida, una vida marcada por el amor hacia ti mismo, escuchando tus necesidades y atendiendo tu sentir. A medida que entrenas, esa facultad de escucharte y sentirte se convierte en algo más fácil, accesible y cotidiano porque es tu estado natural. Simplemente lo habías olvidado.

¿Si tu novio te pide un batido de fresa, no sales y se lo compras?

¿Y por qué no haces lo mismo contigo cuando te apetece un batido de fresa?

Es necesario VIVIR EN COHERENCIA.

Todas las grandes tradiciones espirituales hablan de la importancia de vivir en coherencia, Lo cual no es más que: que lo que sientes, dices y haces estén en armonía.

Significa un alineamiento entre tu cabeza y tu corazón, de modo que le estés dando una orden coherente al universo. **Vivir en armonía es ser tú al 100%, sin miedo. Vivir en armonía es hacer las cosas que te gusta hacer y experimentar la plenitud.**

Vivir coherentemente implica vencer muchos miedos y resistencias, e iniciar un proceso de autodescubrimiento que implica ser honesto contigo mismo, ser fiel a tu esencia y escuchar a tu corazón.

En la época en la que estudié el máster no vivía en coherencia. Las asignaturas no me interesaban nada y sentía que era como revivir mi paso por la Universidad, que tampoco me había interesado mucho. Y por ese máster que no significaba casi nada para mí estaba pagando 30.000 euros, un precio totalmente desorbitado. Lo que recibí a cambio fue una enseñanza *demodé*, teórica y muy poco práctica, que casi no me sirvió cuando quise poner en marcha mi propio negocio. Ya en su momento me parecía todo bastante absurdo pero no por eso dejaba de hacerlo, pensaba que era el precio que había que pagar por una jefatura o por poder acceder a un *puestazo*. Sin embargo, mis intereses reales estaban en otras cosas, en aquella época me interesaban mucho la política y la moda (temas que a día de hoy ya no me llaman la atención), y en lugar de escuchar a mi corazón y sintonizar con aquello que realmente me gustaba, tragaba, y, al igual que había hecho toda mi vida, hacía lo que se esperaba que tenía que hacer.

No me gustaba nada el sistema, pero obedecía. No me gustaban sus reglas y me parecía que algo fallaba, pero las acataba cuando me convenía mientras en mis ratos libres me dedicaba a ir a manifestaciones y a despotricar contra los políticos: pura incoherencia.

El problema es que yo no era consciente de ello y por eso sentía un enorme vacío. Mi vida no tenía sentido porque no vivía en coherencia: pensaba una cosa, decía otra y actuaba de otro modo.

Cuando me ascendieron en la multinacional en la que trabajaba todo se desbordó y me vi sumida en una incoherencia tal que me puse enferma.

Jesús, en la Biblia, habla en numerosas ocasiones de la importancia de alinear pensamiento, palabra y obra. Jesús era conocedor de la importancia de la coherencia para el proceso creativo; sabía que **solo cuando sintonizas lo que dices, piensas y haces puedes crear un mundo coherente para ti**.

Ese es el alineamiento energético necesario para poder ser felices. Yo, desde mi inconsciencia, fabriqué un mundo absurdo que me reflejaba mi propio absurdo interior, por eso mi cuerpo enfermó para avisarme de lo que me estaba pasando.

Afortunadamente, a día de hoy vivo en coherencia, siento, digo y hago lo que quiero y necesito en cada momento, armonizo las tres cosas e incluso me permito sentir ira y otros sentimientos que antaño reprimía, sin juzgarlos y dándoles cabida. Mi vida es mucho más bella y estoy rodeada de personas increíbles. Doy gracias a la vida por tanta belleza y en todo momento trato de ser yo.

En el presente acepto cuando otras personas alineadas con su sentir no están de acuerdo conmigo; y por esa razón también trato de amar a algunos inconscientes que por miedo no se permiten ser quienes realmente son, ya que hace algunos años yo estaba donde están ellos ahora y no por eso dejaba de ser hermosa, maravillosa e inocente.

20
La presencia

L A PRESENCIA ES UNA de las claves fundamentales para tener una
vida plena. La presencia, o *mindfulness,* es aplicable a la pareja,
al trabajo o a cualquier área de nuestra vida.

Nuestra mente es como una locomotora que crea pensamientos
sin pausa, nuestra mente piensa a un ritmo frenético y desbordado
sin detenerse nunca. Mantiene un ritmo vertiginoso de darle vueltas
a todo, elaborar nuevas ideas y conceptos, hacer suposiciones, pensar y volver a pensar, crear complicados argumentos, juzgar a otros
y anticipar lo peor.

Nuestra mente está desbordada por su incesante actividad.

Nuestra mente continúa generando nuevos pensamientos, teorías e hipótesis desastrosas, inconsciente de su enorme capacidad de
creación y de que está alimentando sus miedos, generando la realidad y dando vida a sus peores pesadillas.

Ese incesante repiqueteo mental nos tortura, nos martillea, no
cesa en su *tacatacatacatacataca* mental creando basura en nuestras
vidas. Es como si tuviéramos navegando en nuestro interior un
transatlántico a la deriva.

Los científicos afirman que tenemos 60.000 pensamientos al
día. Muchos de ellos son nocivos, surgen del ego y con ellos fabri-
camos basura mental.

La ansiedad surge de proyectarnos en el futuro y la depresión de revivir en nuestra mente pensamientos del pasado.

Todas las grandes tradiciones espirituales, usando la meditación, tratan de ralentizar ese repiqueteo mental que nos tortura, nos ancla al pasado y nos hace anticipar todo tipo de dramas futuros. No solo los estamos anticipando sino que los estamos creando. **Esa mente frenética es la causante de todo nuestro dolor e incesante sufrimiento.**

La **meditación** nos ancla en el instante presente, nos trae al ahora y nos permite ralentizar la mente y experimentar paz. Podemos llegar a bajar de esos 60.000 pensamientos de las enfermizas mentes occidentales a los 20.000 que puede tener un monje budista tibetano.

Eso es enormemente liberador, porque entrar en un estado de presencia nos permite saborear cada instante, experimentarlo todo en plenitud, sentir cada segundo… potenciar todos nuestros sentidos: olfatear, degustar o simplemente sentir nuestra piel bajo el agua caliente cuando fregamos los cacharros o sentir el cuchillo atravesando la zanahoria cuando cocinamos. Si conseguimos ralentizar la mente y poner el foco en las cosas que estamos haciendo en cada instante, convertimos nuestra vida en una meditación, en el maravilloso *ahora;* y en ese *ahora* simplemente experimentamos la realidad desde el convencimiento de que todo es perfecto y nada tiene que cambiar o ser mejor para que nos sintamos bien. En el *ahora* aceptamos plenamente cada acontecimiento, aunque no se amolde a nuestras expectativas, y la aceptación plena de cada instante nos lleva a dejar de sufrir.

Entrar en el maravilloso instante del ahora, lo que se denomina «el instante santo», es lo que se ha conocido desde el principio de los tiempos como «iluminación». Supone entrar en un estado en el que todo es perfecto, todo está bien y la vida nos provee de las circunstancias, personas y acontecimientos necesarios para cumplir nuestro propósito sin que nosotros nos pongamos a hacer planes por nuestra cuenta y a crear basura con nuestros miedos, solo alineados con la conciencia divina en el ahora, en este instante eterno.

En el budismo zen hablan de alimentar la mente como de dar de comer a un tigre. Es nuestro propio tigre individual, que tiene la potestad de amargarnos la existencia.

El ego se instala en el pasado y en el futuro, en el instante presente no tiene cabida porque al preguntarte desde la honestidad interior: «¿Qué problema tengo en este preciso instante?», la única respuesta sincera será «ninguno».

Sufrimos mucho anticipando conflictos y creando nuestra propia interpretación mental acerca de lo que nos está pasando; sufrimos por resistirnos a algo que ya ha pasado. Nos amargamos la vida innecesariamente cuando en realidad no está pasando nada malo. Es nuestra interpretación acerca de lo que está pasando lo que nos hace sufrir, lo que nos merma y lo que nos condena a revivir ese tipo de situaciones una y otra vez.

Honestamente, **con nuestra falta de presencia elegimos sufrir. La presencia es la ralentización de la mente que nos permite sentirnos plenos y conectados con nuestro ser.**

Es pura belleza, puro gozo, puro disfrute, es lo que los orientales definen como «*Ananda*» o la dicha del ser. Es el placer de *simplemente ser* sin tener que hacer o adquirir, simplemente ser en este instante sin metas, sin objetivos, sin cosas que cambiar, simplemente ser y vivir desde la plenitud de que **en este instante presente ya te ha sido concedido el universo entero.**

Mi mente también era un locurón. Vivimos en una sociedad que nos enseña a potenciar la mente, a ejercitarla, a llenarla de datos, fórmulas e información. Vivimos en la sociedad de la información a través de la que recibimos miles de estímulos al día, impactos incesantes en nuestra mente. Desde pequeños nos enseñan a potenciar la mente y a acumular información. Nos valoran en función de la información que somos capaces de procesar y nos hacen competir entre nosotros en capacidad de retener y procesar información. Vivimos en una sociedad enferma.

Como decía Khrisnamurti: «No es signo de buena salud estar adaptado a una sociedad profundamente enferma».

La presencia nos libera, ralentiza nuestra mente y nos conecta con el ahora, con el fluir, con el dejarnos llevar, con el no empeñarnos en que las cosas sean de la manera en que pensamos que deberían ser y en cambio nos lleva a aceptar «lo que es».

Nos conduce a la paz interior y frena ese tigre que es nuestra mente y su ritmo desenfrenado de creación inconsciente.

La verdadera presencia es lo que también se conoce como atención plena. Consiste en estar absortos en el ahora con todos nuestros sentidos involucrados en el proceso de experimentar este instante: atención plena en el presente donde el sufrimiento no tiene cabida.

El estado de presencia, vivir en permanente meditación, es lo que buscan los deportistas cuando llevan sus cuerpos y sus vidas al límite con el alpinismo, la escalada, el *surfing* o cualquier deporte que requiera una atención plena. Otras personas consiguen la atención plena cocinando o trabajando, estando simplemente inmersos en una actividad que permita a su mente centrarse en el ahora.

Existen múltiples técnicas para llevarnos al ahora: la atención a la respiración, la repetición de mantras, etc. Hasta ahora el más efectivo que he conocido es el método que Michael Brown describe en su libro *El proceso de la presencia*.

Bailar, cuando se hace con atención plena, también nos lleva al *mindfulness*. Bailar, hacer deporte, cocinar o cualquier actividad que no nos obligue a pensar, con la que nos podamos zambullir plenamente en un estado de atención plena. Ese estado es sumamente adictivo y por eso muchas personas lo persiguen inconscientemente.

Los niños están presentes y no piensan en términos de pasado o futuro. De igual forma los animales están presentes y no se cuestionan su propia existencia, simplemente se permiten ser. Si los observamos veremos que tienen una respiración constante y conectada: inspiran y espiran de forma continua sin pausas o interrupciones.

Observa a tu perro, lo verás respirar de forma ininterrumpida conectado al ahora, viviendo en este preciso instante **en el que el ego no tiene cabida**.

Los Piraha son una tribu del Amazonas que vivía sin concepto del tiempo, fueron descubiertos en 1986 por un misionero que pretendía evangelizarlos y convertirlos al cristianismo. El misionero se puso a convivir con ellos para poder aprender su lengua y posteriormente evangelizarlos. El misionero, que también era lingüista, al vivir entre ellos y comenzar a comprenderlos supo que la evangelización no tenía ningún sentido para esa gente que nunca había escuchado hablar de Dios o de Jesús; ellos ya vivían en paz, en permanente gozo y alegría, y le transmitían unas enormes ganas de vivir. Entre ellos reinaba amor y la aceptación plena. Fue tal el impacto que tuvo en el misionero el contacto con esta tribu que abandonó sus votos, su credo religioso y se dedicó a estudiar su lengua como lingüista, ya que era un lenguaje que presentaba características muy peculiares, como que no tenía horizonte temporal y no usaba tiempos verbales ni expresiones para designar los conceptos de mañana o ayer. Es decir, la tribu vivía en un estado de presencia permanente y el tiempo pasado o futuro, al no estar presente en sus mentes, no se veía reflejado en su lenguaje.

El misionero, al observar su paz, comprendió que no tenía nada que enseñarles y se dedicó a difundir su hallazgo por el mundo, empezando por dar a conocer esa lengua tan misteriosa en la que el tiempo no tenía cabida.

Noam Chomsky, uno de los más grandes lingüistas del planeta, vio amenazado su prestigio porque sostenía que el lenguaje humano se basaba en la recursividad, es decir, en los recursos expresivos, para describir el tiempo mediante el lenguaje. Daniel Everett, el misionero, desafiaba todas sus teorías, al describir un pueblo en la Tierra que no mostraba recursividad en su lenguaje, desmontando que el origen del lenguaje fuera la recursividad.

Expertos lingüistas comenzaron a estudiar el lenguaje de los Piraha e introdujeron sus variables semánticas en un *software* que podía medir la recursividad del lenguaje en base a la comparación con otros códigos lingüísticos, y ese software no encontró nada. El misionero pudo demostrar que en el lenguaje de esa tribu no existía el tiempo y que ese era el secreto de su felicidad: vivir sumidos en el eterno instante del ahora donde experimentaban la paz interior en contacto pleno con la madre naturaleza. No hacía falta hablarles de Jesús porque ya vivían como había vivido Jesús.

Actualmente, el gobierno de Brasil se ha interesado por ellos, llevándoles el portugués, las escuelas y la televisión… y prohibiendo al misionero que continuara estudiándolos. Es muy triste lo que le han hecho a esta tribu que vivía en un permanente estado de iluminación; introducir en su cultura el tiempo los ha convertido en un nuevo caldo de cultivo para el ego.

21
El niño interior

TODOS HEMOS SIDO NIÑOS: niños espontáneos, alegres, diverti-dos, niños que sencillamente jugaban con la vida. Ese niño que fuimos hacía lo que le apetecía en cada momento, jugaba y disfru-taba.

Estaba presente, experimentaba cada instante desde el gozo, el amor y el disfrute. No pensaba demasiado, simplemente jugaba, saltaba y su vida era pura magia.

Un día, sin comprender muy bien por qué, ese niño hizo algo que a mamá le molestó y de pronto se encontró con la incompren-sión de papá o fue la profe la que le gritó o castigó en el cole... y un día mamá lo dejó solo, papá le chilló y un familiar descargó en él o ella toda su cólera y frustración, incluso he visto casos en mi consul-ta de personas que sufrieron abusos sexuales siendo niños.

En mi caso, una profesora de preescolar me sacó de clase a tortas agarrándome por el pelo. Como me iba arrastrando, en el trayecto se me cayó un zapato, y la profesora lo agarró y me pegó con él. No recuerdo lo que había hecho, solo recuerdo que al principio ella me estaba riñendo por algo y al no poder aguantar la bronca me hice la dormida; esta reacción fue la que detonó en ella ese horrible ataque de agresividad. Yo tenía cuatro años y arrastré el trauma en mi inconsciente durante mucho tiempo. Pasados los años supe que esta maestra estaba embarazada de un cura, uno de los curas que daba clase en mi colegio, así que me puedo imaginar su desamor y frustración. Todos somos inocentes, me tocó a mí como le podía haber tocado a otra persona, pero ese acontecimiento marcó mi vida, para bien o para mal... En realidad todo es perfecto, si esa profe no me hubiera pegado quizá no hubieran ocurrido otras muchas cosas en mi vida que han dado pie a mi despertar espiritual y a que hoy esté aquí escribiendo este libro, así que todo es perfecto.

Lo que pretendo ilustrar contando esta experiencia es que a todos nos ha ocurrido algo dramático cuando éramos niños; a todos nos han herido en la infancia, cuando aún éramos felices, alegres y espontáneos, cuando no teníamos ninguna defensa más allá de nuestra pureza e inocencia.

En ese momento surgió el miedo, y por miedo aprendimos estrategias de supervivencia: «Si hago esto mamá me quiere, si hago esto otro a papá le gusta. Si me comporto de este modo la profesora me acepta, si me comporto de esta forma los demás niños me sonríen».

De modo que todos fuimos incorporando máscaras, capas y capas de cebolla de comportamientos aprendidos que poco tenían que ver con quiénes éramos realmente a un nivel profundo.

Todas esas capas se automatizaron y nos convertimos en personas estandarizadas, grises y homogéneas que pasaban desapercibidas. Sí, hemos conseguido nuestro objetivo de supervivencia y pasamos desapercibidos, nos subimos al bus y nadie nos mira, y cuando caminamos por la calle pasamos sin pena ni gloria.

En el camino de volvernos grises y hacernos *queribles* por los demás nos hemos dejado la espontaneidad, la pureza y la unicidad. Nos hemos identificado con atributos externos que poco tienen que ver con nosotros, como los títulos académicos o los premios que otros nos otorgan.

Soy Guadalupe, licenciada en Administración y Dirección de Empresas, máster en Dirección de Marketing y Comercial en la LA ESCUELA DE NEGOCIOS Business School, *coach* certificada por la Universidad Francisco de Vitoria, hablo alemán, inglés y me desenvuelvo en francés.

Ese sería un resumen rápido de mi currículo; y a ti que estás leyendo mi libro te pregunto: ¿Realmente piensas que *eso* me define?

-No, no somos nuestros títulos, somos mucho más que eso.

-No, no somos nuestros logros o resultados como dicen algunos *coaches* locos, somos mucho más que eso.

-No, no somos el modelo de nuestro coche o el barrio en el que vivimos, tampoco somos las miles de máscaras aprendidas en nuestra estrategia de supervivencia.

-No, no somos nuestros comportamientos adquiridos...

Somos mucho más que eso...

Y debajo de esas múltiples capas que aseguran nuestra supervivencia todos llevamos dentro a un niño herido, muerto de miedo, que solo busca que le quieran, que le acepten, sentirse seguro y a salvo. Un niño que solo quiere ser feliz.

Ese niño aprendió a negarse a sí mismo en la búsqueda de aceptación, a negarse a sí mismo para que lo quisieran.

Ese niño se reprimió bajo muchas capas de cebolla y muchas máscaras para dejar de sentir dolor, pero ese niño aún lleva el dolor en su interior y la vida no va a parar de reproducirle situaciones o circunstancias que le permitan ver ese dolor, para que pueda enfrentarse a sus miedos y al fin consiga sanarse, por eso todo es tan perfecto.

Todos nos escondemos bajo muchas capas y máscaras, pero he visto casos sorprendentes. En una ocasión, en un taller, le pregunté a un chico por sus fortalezas, por las cosas que él pensaba que le definían, y el chico no era capaz de darme una respuesta concreta, del mismo modo que al preguntarle por sus debilidades se evadía. Estábamos en un espacio abierto delante de unas diez personas, aunque todos llevábamos desnudándonos metafóricamente desde por la mañana, de poco servía para él el clima de confianza, confidencialidad y el ambiente distendido que se había generado.

Él seguía definiéndose con respuestas como: «Soy una buena persona, ayudo a los demás». ¿Conocéis a alguien que no piense de sí mismo que es una buena persona? Para hacer un verdadero ejercicio introspectivo necesitaba que me dijese algo más concreto.

Nadie es bueno ni malo, todos somos duales, pero este chico no solo me estaba dando respuestas típicas permaneciendo en una zona gris de indeterminación sino que estaba sudando, tenía auténtico miedo a descubrirse, a que viera su verdadera naturaleza, a dejar salir a su niño interior. Era tal su coraza que al verlo sufrir así no pude sacar nada en claro y tuve que interrumpir el ejercicio.

Nunca me había pasado, la verdad es que no había forma de atravesar su coraza. Paradójicamente, ese chico estaba finalizando estudios de psicología, había estudiado variadas teorías sobre la naturaleza humana y sin embargo no tenía ni puñetera idea de por dónde comenzar consigo mismo.

Más tarde, hablando en privado con él, me contó que siempre se desencantaba de sus parejas y acababa dejando las relaciones, que no encontraba a nadie que realmente mereciera la pena. Estoy convencida de que las dejaba cuando comenzaban a tocarle sus máscaras, incapaz de exponer su vulnerabilidad, y estoy segura de que debajo de toda esa dureza y aparente fortaleza había mucho dolor no sanado.

Exponer nuestra vulnerabilidad es una señal de fortaleza, de caída de máscaras, de autenticidad y honestidad con nosotros mismos.

Nunca te disculpes por ser emocional ni por mostrar tus sentimientos, eso quiere decir que las máscaras se te están cayendo y estás entrando en contacto con tu niño, con tu esencia.

La sociedad nos ha enseñado a penalizar los comportamientos emocionales, nos ha contado que la gente que muestra su vulnerabilidad es débil. La sociedad ha promovido durante siglos un baile de máscaras que solo ha llevado a la humanidad a guerras, caos y a tocar fondo. Afortunadamente, la humanidad está despertando y cada vez son más las personas que constatan que solo podemos ser felices cuando nos permitimos ser nosotros mismos. Cuando conectamos con nuestro niño interior y empezamos a ser quienes somos realmente, pasamos a vivir en coherencia y a crear una vida plena. Comenzamos a brillar e, inconscientemente, vamos desenmascarando a todos a nuestro alrededor.

Yo expongo mi vulnerabilidad, siempre he contado todas mis miserias en público, no me importa relatar cómo he tocado fondo en innumerables ocasiones, mis amigos me han visto llorar y expresar toda mi emocionalidad, y gracias a todo esto soy una mujer muy, muy fuerte.

Uno de los jefes que tuve en la última multinacional para la que trabajé era alemán, frío calculador, racional, nunca daba muestras de debilidad. Me reñía por ser cercana, por hablar de temas personales en el trabajo y por expresar mi emocionalidad. En aquel momento yo no tenía la seguridad en mí misma que tengo ahora, ¡qué pena! Me encantaría volver atrás para meterle un buen corte.

Él, que se las daba de fuerte estable y equilibrado, vivía encorsetado por sus máscaras, esclavo de las apariencias y de la opinión de los demás; vivía en el miedo y se venía abajo en cuanto la cifra de ventas se movía un poquito.

Era extremadamente vulnerable, cualquier pequeña cosa lo sacaba de su centro, era una de las personas más débiles que he conocido y reprimía toda su emocionalidad con tal de aparentar normalidad.

Reprimir nuestro sentir no nos lleva a ninguna parte. Exponernos y expresarnos desde el corazón acaba convirtiéndonos en personas muy poderosas.

22
¿Cómo influye el estado de presencia en nuestras relaciones?

CUANDO ALGUIEN TOCA una de nuestras máscaras nos hace daño y nos duele enormemente, nos está desenmascarando y está atravesando nuestra coraza. Está tocando a nuestro niño herido y yendo a la herida primigenia no sanada... y eso duele.

Si somos honestos, en realidad nadie puede hacernos daño si no le damos esa potestad y en la senda del crecimiento personal nos vamos quitando las máscaras, abandonamos nuestra coraza y nos permitimos ser nosotros mismos. Poco a poco iremos dejando de sentirnos heridos cuando los demás nos dicen o hacen cosas, cuando nos ignoran o cuando nuestras expectativas no se amoldan a nuestras relaciones reales.

Pero en ese periodo previo a empoderarnos todavía cargamos con muchas capas de cebolla y mucho dolor reprimido.

Cuando alguien nos toca al niño, nos duele y cuando nos duele saltamos y atacamos.

Atacamos con todas nuestras fuerzas, algunos en formato mordaz, otros en formato agresivo, otros optando por huir y desaparecer, y otros escondiéndose detrás de su máscara y aparentando normalidad cuando por dentro están sintiendo un enorme dolor que nos harán saber meses después.

El estado de presencia nos permite no reaccionar cuando alguien nos ataca; si reaccionamos le estamos dando legitimidad a ese ataque, nos estamos identificando con alguien vulnerable a quien se puede atacar. Nos identificamos con nuestro personaje, con nuestro ego, y contraatacamos. Por el contrario, si estamos muy presentes, podemos ver el dolor que está sintiendo el otro cuando nos ataca, podemos ver al niño herido y darnos cuenta de que más allá de sus gestos y sus palabras hay un niño mendigando amor. Podemos ver que detrás de ese ataque hay dolor, que estamos tocando una herida primigenia y que debajo de todo eso hay una petición encubierta de amor. Y si en ese momento somos capaces de sentir amor, y cuando digo sentirlo me refiero a sentirlo profundamente, en nuestro corazón veremos como el otro se desidentifica de su personaje, poco a poco comienza a bajar los brazos, destensa las facciones y deja de atacarnos.

Con el amor podemos neutralizar cualquier ataque, pero es importante que sea real, no amor a un nivel cognitivo como una estrategia inconsciente del tipo «me callo para que te calles», sino en nuestro corazón. **Si somos capaces de sentir amor en nuestro corazón podemos neutralizar cualquier ataque.**

Todos los ataques surgen del miedo, del miedo a no ser queridos, escuchados o respetados, del miedo a no ser amados. Si oponemos amor disolvemos el miedo. Con verdadero amor podemos disolver cualquier ataque. Todo ataque lleva en sí mismo una petición encubierta de amor.

Esto debe hacerse desde la atención plena y un estado de presencia que nos permita reconocer al niño herido y muerto de miedo que hay detrás de cada persona.

Podemos observar esto en un accidente de tráfico cuando un desconocido se enfada porque le hemos roto el espejo retrovisor, sale del coche furioso y si le miramos desde un estado de presencia podemos ver a ese niño herido chillando, clamando por algo de ayuda, compasión y atención, en definitiva, pidiendo amor.

Debajo de esa agresividad hay un niño herido suplicando amor que chilla: «¿Por qué?, ¿Por qué me has roto el retrovisor?». Y debajo de sus insultos e improperios no hay más que un: «Jo, ahora tengo que arreglarlo y ando mal de tiempo y dinero. ¿Por qué? ¡Cuídame! ¡Atiéndeme! ¡Escúchame! ¡Hazme caso! Dame amor».

Yo no os pido que me creáis, pero sí os pido que lo experimentéis en vuestras vidas y a partir de ese momento podáis ver la petición de amor que subyace detrás de cada ataque y así podáis acogerla, darle cabida, atenderla y podáis ayudar a aquellos que en forma de ataque os están pidiendo amor.

De esta forma podréis ver su inocencia, y reconocer la vuestra también, cuando os encontréis en una situación parecida. Así podréis dejar de sentiros culpables y abandonar la culpa.

La culpa, la fortaleza del ego, ese lugar donde el ego se resguarda y se perpetúa haciéndonos sentir malos y defectuosos, e impidiendo que recordemos nuestra naturaleza divina. La culpa nos lleva lejos del hogar, lejos de casa, nos lastra, nos merma, y cuando atacamos, a continuación nos sentimos culpables. Debemos abandonar la culpa, aceptar que cuando reaccionamos atacando es porque algo está tocando una herida primigenia, sentimos miedo, no sabemos hacer otra cosa ni cómo hacerlo mejor… y no pasa nada. Vamos a amarnos y aceptarnos con todo eso, conocedores de que dentro de cada uno de nosotros hay un niño herido que se apagó en el ejercicio de sobrevivir y en la búsqueda de aceptación, un niño al que vamos a desempolvar y al que por fin vamos a acoger y atender.

Para sanar al niño interior tenemos que permitirle salir y expresarse sin sentirnos culpables por tener una salida de tono o por sencillamente ser, del mismo modo que no culparemos a nuestros hermanitos cuando la *líen*, cuando se pongan agresivos y arremetan contra nosotros, porque entenderemos que no saben hacerlo mejor, que están heridos, sienten miedo y sencillamente están clamando por un poco de amor.

Ver esto facilita enormemente las cosas, así como saber reconocer la inocencia de cada uno de nosotros y saber quiénes somos en realidad. Ser conocedores de nuestro dolor para poderlo transitar en paz.

Vamos a amar a todos los niños heridos de este mundo cuando nos ataquen, cuando nos tengan envidia y cuando se pongan impertinentes. Sin dejarles invadirnos, poniéndoles límites, pero sin dejar de amarles. En ocasiones, el mayor acto de amor que se puede tener con un déspota es ponerle límites, frenarle. Con un impertinente puede ser ignorarle; pero hagamos lo que hagamos amémoslos siendo conscientes de que albergan a un niño frágil y delicado dentro de sí.

En realidad, nunca hemos dejado de ser niños, qué bonito verlo.

Con nuestra pareja convivimos, y en la convivencia las posibilidades de que toquen a tu niño interior se multiplican, es prácticamente imposible que no surjan ese tipo de roces, que nuestra pareja no nos meta el dedo en la herida, inconscientemente.

Mi recomendación es tomar conciencia de que ese dolor ya estaba en nosotros antes de iniciar esa relación y que por tanto es nuestro, tratar de tomar conciencia de cómo nos proyectamos y cómo intentamos endosarle nuestro dolor a la pareja.

Cuando nuestra pareja nos ataque, podemos elegir no reaccionar y así no identificarnos con alguien que puede ser atacado, al fin y al cabo ninguno de nosotros puede serlo. En cambio podemos elegir ver su niño herido y acogerlo, atenderlo y amarlo. Podemos ver su dolor y observar qué tipo de situaciones lo desatan y desde dónde lo hace.

Eso no significa que tengamos que soportarlo todo, para nada, solo se trata de poder entender qué está sintiendo el otro y desde dónde hace lo que hace; eso nos permitirá amarlo, aunque a veces la mejor opción sea dejar de estar con esa persona y abandonarla. En ocasiones no nos quedará más remedio que alejarnos de esa persona cuando los ataques se perpetúen y ya no nos haga de espejo porque hemos crecido mientras que ella se ha quedado estancada en su dolor.

Tomemos la decisión que tomemos, hagamos lo que hagamos, a un ataque siempre podemos oponer amor, contemplar la inocencia del otro y elegir nuestra paz interior, independientemente de lo que esté ocurriendo fuera.

En una ocasión volvía a casa después de impartir un taller donde precisamente había expuesto estos conceptos. Iba en el metro, muy cansada, y tenía que hacer 40 minutos de trayecto.

Entraron en el vagón una madre y sus dos hijos, una niña de unos cinco años y un niño de diez. El niño estaba chillando, se mostraba agresivo e insultaba a su madre, se separó de ella unos metros y con los ojos llenos de ira no paraba de gritar e insultar.

El niño actuaba como si estuviese solo, como si no hubiera veinte personas observándole, absorto en su lucha y descargando toda su ira contra su madre. Ella le miraba con desprecio y no se enfrentaba a él, aunque guardaba las formas también transmitía mucha hostilidad a través de su lenguaje corporal. El niño estaba completamente encolerizado y furioso llamando «puta» a su madre.

Entonces comprendí que mi presencia en ese vagón no era casual, que la vida me había puesto en esa situación por algo, que el universo no da puntada sin hilo y que yo podía poner amor allí. Justamente en el taller había teorizado sobre cómo desde el amor se puede neutralizar cualquier ataque... y la vida me ponía en bandeja unas prácticas reales.

Me acerqué al niño y muy suavemente le pregunté: «¿Por qué estás tan enfadado?». Me esforcé en sentir amor y mirarle con amor; él titubeó por un instante, luego se giró y dirigió su furia hacia mí:

COVADONGA PÉREZ-LOZANA

«Déjame en paz», me dijo, y continuó descargando su rabia. Me acerqué de nuevo y le dije calmadamente: «Tranquilo, tranquilo, mamá te quiere mucho». El niño continuaba agitado, pero poco a poco iba aflojando. Me acerqué a él sintiendo auténtico amor, ese niño estaba hecho polvo y era digno de todo mi amor, le cogí suavemente la cabeza y le acaricié el pelo, y en ese momento el niño rompió a llorar.

Comenzó a decirme entre sollozos que su madre no le quería, que solo quería a su hermana, yo le dije que eso no era cierto y le abracé. Él se empezó a calmar y se convirtió en un niño tranquilo estando en mis brazos. Le acaricié la cara y le dije: «Dale un beso a mamá». El niño, dócilmente, se acercó a darle un beso a su madre y esta apartó la cara. Yo abracé una vez más al niño y lo dejé llorando, luego me acerqué a hablar con su madre. Le dije, bajito: «Has hecho mal en no aceptar su beso, fue un enorme gesto de generosidad por su parte». Entonces me tocó escuchar la versión de la madre, era muy guapa, joven y extranjera, de algún lugar de Europa del Este, aunque hablaba castellano. Me comentó que el niño se había pasado toda la tarde pegando a su hermana, que no paraba de atacarla y darle puñetazos, y que no podía consentírselo.

Este niño estaba pidiendo amor y atención, rivalizaba con su hermana porque no se sentía querido, la mejor manera de que deje de pegar a su hermana no es castigarlo, sino acariciarlo y darle besos. Entonces, sin cortarme, le pregunté a la madre si había sido un niño deseado. Ella abrió los ojos de par en par y me dijo que no había sido deseado y, no solo eso, sino que había estado expuesto a violencia desde que era un bebé porque el padre del niño la pegaba.

No lo verbalizó, pero estoy segura de que ella, inconscientemente, responsabilizaba a ese bebé de estar atada a un maltratador, y ese niño percibió toda esa energía que se estaba moviendo a nivel inconsciente y creció sintiéndose un estorbo.

Traté de explicarle a la madre, lo mejor que pude y supe hacerlo, que ese niño llevaba todo eso dentro y que simplemente estaba pidiendo amor, que era una petición desesperada de amor, entonces la madre se acercó al niño y le tocó la cabeza. Llegamos a la estación de Legazpi y coincidió que nos bajamos todos. El niño, al ver que yo me bajaba con ellos, me cogió dócilmente la mano, caminé acariciándole la mano como buenamente pude hasta que me tuve que separar de ellos. El niño estaba calmado y me preguntó: «¿Te vienes con nosotros?».

Su madre me miraba alucinada, «no hace eso con nadie», me dijo.

Fue duro y a la vez muy bonito, creo que fue transformador para el niño, para la madre y para mí misma que me sentí llena de gratitud al poder experimentar en primera persona la importancia de dar amor allí donde hay dolor encubierto de agresión.

Muchas veces los asistentes a mis conferencias me preguntan: «¿Cómo puedo llevar lo que tú dices a la práctica?» y a mí eso me molesta, porque para mí todo de lo que hablo no es teoría, yo vivo así.

Si estuviéramos más atentos, seríamos capaces de ver que todas las experiencias de las que la vida nos provee son las que nos llevan a ser una mejor versión de nosotros mismos y a integrar el amor mediante el espejo de las relaciones.

Si estuviéramos presentes, veríamos el regalo encubierto detrás de cada situación.

Si estuviéramos presentes, veríamos la enorme oportunidad de sanación para nuestros corazones en ese niño que está chillando en el metro o en esa vecina que se queja de tu perro o en ese jefe cabrón, porque si realmente estuviéramos presentes veríamos que todo son oportunidades de experimentar el amor que somos, de experimentar nuestra sanación.

Yo las veo en muchas ocasiones, pero en otras no; supongo que todavía no estoy plenamente presente, que todavía no estoy totalmente conectada con mi corazón, aunque la vida no para de regalarme ocasiones para verlo y cada momento supone una nueva oportunidad. Por eso cada día me gusta más vivir, porque **si estás atento, la vida te regala continuas oportunidades de crecer, amar y sanarte.**

La aceptación y la presencia.

Estas dos cualidades son una de las claves vitales para una vida plena; digamos que todo nuestro sufrimiento procede de la diferencia entre lo que nuestras mentes piensan que debería ser y lo que realmente es.

Nos resistimos a la realidad tal y como es, la juzgamos como mala y entonces sufrimos sin ser capaces de estar presentes en la aceptación plena de cada instante.

La presencia lleva implícita la aceptación, no juzgar las cosas como buenas o malas, no clasificarlas.

¿Cuántas veces hemos pensado que algo era una desgracia, una enorme amenaza para nuestras vidas, y luego resultó ser una gran oportunidad de cambiar que nos empujó a una vida más plena y dichosa?

Esto ocurre con las rupturas de pareja, con los despidos y con todas esas cosas a las que nos resistimos, que tratamos de evitar a toda costa y que finalmente ocurren.

Cuando nos pasan nos empeñamos en sufrir y en vivir desoladamente, pero al final descubrimos que todo era perfecto y que lo que nos ha pasado era en aras de nuestra evolución y sanación, para estar mejor después y conectarnos con la vida.

También podemos analizar aquellas situaciones en las que nos hemos sentido victoriosos, poderosos y afortunados, y que posteriormente resultaron ser un sonado desastre. Me viene a la cabeza mi ascenso en la multinacional farmacéutica, fruto de un arduo esfuerzo y competición con muchos candidatos. Lo había conseguido, ¡era feliz! Sentía que había triunfado, pero poco sabía del calvario que me esperaba, me estaba metiendo en la boca del lobo.

El ejemplo contrario fue la enorme resistencia que opuse a la ruptura con Rodrigo. Me resistí a ella e intenté todas las estrategias posibles para retenerlo a mi lado; recuerdo mi lucha, mis esfuerzos, cómo traté de evitar la ruptura a toda costa. ¿Cómo iba a imaginar que esa ruptura era un regalo y me iba a llevar a desarrollar una profesión basada en ayudar a la gente a superar rupturas?

¿Cómo podía prever que esa ruptura y las siguientes me iban a convertir en la mujer plena, amorosa y poderosa que soy a día de hoy?

Así que el ascenso era una putada y la ruptura un regalo, aunque en ese momento yo lo viese al contrario. Podemos verlo también así, pero lo que más se acerca a la realidad es que nada es bueno ni malo, sino que todo tiene un porqué y un para qué. Todo forma parte de un plan perfectamente hilado para nuestra expansión y sanación. La vida siempre está velando por nuestra felicidad y debemos verlo así.

Si fuéramos capaces de entender esto, dejaríamos de tener miedo a vivir y aceptaríamos plenamente cada instante con el convencimiento de que es perfecto, que nos está nutriendo y proveyendo de la experiencia perfecta para vivir y experimentar qué es lo que hemos venido a hacer a este plano.

Si fuéramos capaces de estar plenamente presentes, veríamos la belleza de cada instante independientemente de que este no se adapte a nuestras expectativas, veríamos la belleza de cada situación sin juzgarla como buena o mala.

Seríamos capaces de entender que la vida reproduce situaciones que ya hemos vivido previamente en otro escenario y formato para que así podamos sanar nuestras heridas de la infancia.

Veríamos que la vida nos brinda una y otra vez oportunidades de sanación reproduciendo las mismas escenas con diferentes personajes.

Si estuviéramos presentes, renunciaríamos a juzgar la vida como buena o mala y renunciaríamos a la depresión, a la ansiedad, a los miedos y a la culpa.

Si estuviéramos presentes, viviríamos como hacen la gacela y el león. El león no se siente culpable cuando se come a la gacela, simplemente se la come sin cuestionamientos de otro tipo. La gacela no vive en un permanente estado de ansiedad por si el león se la va a comer, simplemente vive y un día muere en las fauces de un león. Sin más. Creo que los únicos que hacemos esas tonterías somos los humanos.

Los perros no tienen ansiedad, ni depresión, de hecho por mucho que los machaques se olvidan al instante y vienen prestos a recibir cariño y atención ya que para ellos solo existe este instante en el que pueden experimentar plenamente todo su ser.

Si estuviéramos presentes, aceptaríamos plenamente cada una de las experiencias de las que la vida nos provee sin analizarlas desde lo racional, solo viviéndolas.

Mientras estamos pensando si algo está bien o mal, no nos permitimos vivir. Mientras estamos asegurando nuestro futuro, no estamos viviendo, la falta de presencia nos lleva a vivir en el miedo, en la resistencia y en la lucha permanente con lo que es.

Inconscientes de que lo que es es sencillamente lo que tiene que ser y es perfecto.

Inconscientes de que nuestra alma vela por darnos todas las experiencias necesarias para nuestro despertar, para poder volver a casa, y que todo es tal y como debe ser.

¿Hasta el hambre en África? Sí, hasta el hambre en África; la experiencia perfecta que han elegido esas almas por razones que no podemos comprender desde nuestra limitada perspectiva racional.

El estado de presencia es la iluminación ya que es lo que te permite comprender que todo está bien, que no te falta de nada y que no tienes que hacer absolutamente nada para ser feliz porque ya eres feliz.

Los seres humanos nos hemos empeñado en hacer complejo lo simple. Ya lo tenemos todo, somos una expresión de la divinidad, ya somos maravillosamente perfectos, solo necesitamos vivir en consecuencia, eso es todo.

«Llevas una obra maestra oculta dentro de ti, pero estás parado en el camino. Hazte simplemente a un lado, y la obra maestra se revelará. Cada ser es una obra maestra, porque Dios nunca da nacimiento a algo que sea inferior a eso. Todos llevamos una obra maestra oculta durante muchas vidas, sin saber quiénes somos e intentando convertirnos en alguien en la superficie. Abandona la idea de convertirte en alguien, porque ya eres una obra maestra. No se te puede mejorar. Solamente tienes que enterarte, saberlo, darte cuenta de ello. Dios mismo te ha creado, no puedes ser mejorado». OSHO

23
El estado de presencia y el sexo

Si aprendemos a estar presentes, también podemos disfrutar mucho más del sexo. ¿A alguien le suena estar haciendo el amor y pensando en otra cosa?

Es horrible, ¿verdad?, la única forma de disfrutar del sexo es estar presentes en lo que hacemos, experimentándolo plenamente, sintiendo el roce de la piel contra la piel, el olor que desprenden las hormonas cuando se desata la sexualidad, sintiendo el movimiento, los olores, el sudor, y todo aquello que desprende el sexo. Si estamos presentes, no hay remilgos, ascos ni consideraciones, solo **somos y nos fundimos con el otro**, nos preocupamos de nuestro placer en sintonía y acompasado con el de la otra persona, pero no estamos pensando si le estará gustando o si lo haremos bien o si mañana nos abandonará.

Para nada, solo degustamos el momento en toda su expresión, viviendo el gozo y centrados en nuestro placer, con atención plena en nuestro cuerpo y compartiendo el placer con el otro.

La presencia es maravillosa en sí misma, ¿pero cómo hemos podido hasta ahora vivir el sexo sin presencia, solo en el plano mental y con la cabeza en otras cosas?

Hagamos plenamente lo que estamos haciendo, ya sea sexo o cocinar, incluso sentir tristeza o rabia; sintámoslo plenamente desde el estado de presencia porque descubriremos que todo eso que ahora negamos y reprimimos no son más que expresiones del amor.

En ocasiones, nos desconectamos del acto sexual porque no nos apetece, estamos cansados, preocupados o malhumorados. Nuestra pareja nos busca y accedemos a hacerlo porque tenemos miedo a defraudarle o miedo a no ser una buena pareja si no accedemos a sus exigencias sexuales. Si no tenemos ganas de hacer el amor, no tiene ningún sentido hacerlo ya que no estaremos presentes en el acto y nos encontraremos desconectados de nuestro cuerpo y focalizados solo en la mente.

Entonces, una sucesión de pensamientos acompañarán al acto sexual, y mente y cuerpo no estarán alineados. Esto no es amarnos ni respetarnos... es algo triste.

La belleza del acto sexual se pervierte en este tipo de situaciones, se pierde, se marchita y llega un momento en que convertimos este tipo de sexo, tan vacío y falto de amor, en algo normal.

Un acto de amor hacia ti mismo es decir NO, decir que no te apetece. ¿Es que acaso a tu pareja le gusta hacer el amor con una muñeca hinchable? Yo no veo mucha diferencia entre este tipo de sexo y hacerlo con una muñeca o un consolador. Es preferible decir no, respetarte, que tu pareja se autosatisfaga y esperar a hacerlo cuando los dos tengáis realmente ganas.

Cuando haces el amor con ganas y conectas con tu cuerpo, te escapas del repiqueteo mental, sales de la cabeza, vuelves a sentir tu cuerpo con toda su intensidad, entras en un estado de presencia y experimentas la liviandad de vivir. Al terminar, estarás lleno de energía, de ganas de vivir, de gozo y disfrute, y podrás sentir ese amor real que surge de la comunión de dos cuerpos presentes. Cuando pruebas esto, ya no quieres volver a hacer el amor sin presencia. En la vida, es importante decir no a lo que no quieres, escuchar a tu cuerpo, escuchar su sentir y atenderlo.

Es igual que cuando a tu pareja le apetece ir al cine y a ti no, o cuando le apetece comer chorizo y a ti pasta; o cuando tu pareja quiere ir al pueblo mientras que tú prefieres ir a la ópera en pleno centro de la ciudad, ambas opciones son fantásticas y es maravilloso que cada uno escuche su sentir y atienda sus apetencias individuales, que cada uno haga lo que le pida su cuerpo y le permita estar presente. No es sano para ti ceder e ir con tu pareja al pueblo mientras estás pensando que te gustaría estar en la ópera. No te engañes a ti mismo diciéndote que lo haces por amor, porque en realidad es el miedo al rechazo lo que te mueve a no atender tu sentir.

Siéntete pleno para hacer lo que te dé la gana y del mismo modo permite que tu pareja salga con quien quiera y haga lo que le apetezca. Incluso si queda con personas de tu mismo sexo, cuanta más libertad le des, y más se lo permitas menores son las probabilidades de que te engañe.

Escuchar a nuestro cuerpo y sus apetencias es muy importante, es atender nuestro sentir y darle cabida al universo de sensaciones que tenemos dentro, es puro *mindfulness* y pura belleza. Es algo que hacen los niños de forma natural, se sienten y sabe si algo les apetece o no. No se complican la vida pensando qué pasará si no van a algún sitio o qué esperan los demás de ellos, simplemente escuchan a su cuerpo, están conectados con él y dejan manifestarse todas esas sensaciones emocionales que les sirven de brújula intuitiva para desplazarse por la vida.

Es increíble, tenemos un GPS innato incorporado al que apenas escuchamos. Es más, hemos aprendido a no escucharlo y a desconectarnos del sentir. ¿Cómo si no habríamos podido soportar estar metidos en un aula ocho horas al día a escuchar pura cháchara y blablabla mental con apenas seis años?

Desconectándonos; si no, nos habríamos vuelto locos al no poder bailar, saltar, jugar y disfrutar.

24
La aceptación

La ACEPTACIÓN ES UNA actitud vital que nos permite conectar con el estado de presencia y dejar de darle fuerza a nuestros miedos.

La aceptación de todas las situaciones que nos trae la vida nos permite aprender a vivir en paz y armonía, fluir como el agua que discurre apaciblemente por el arroyo sorteando piedras y remontes, sencillamente siguiendo su camino.

Es el fluir del que hablaba Lao Tse en el *Tao Te King,* que consiste en la aceptación plena sin resistencias de que todo es perfecto y en dejarse llevar por la vida en ese maravilloso equilibrio entre la acción y la receptividad, ese equilibrio simbolizado por el *ying* y el *yang* que se mueve entre la energía ying, pasiva, femenina y receptiva, que sabe que está conectada con todo el cosmos, que en sí misma contiene todo el universo, y desde esa posición espera y recibe; y la energía yang, masculina, que actúa, que pone las cosas en marcha y mueve las piezas desde la acción.

Ying y *yang* son complementarios, y nuestra vida se debe regir por ambos principios. En ocasiones nos toca actuar, pero nunca a la desesperada, nunca desde la lucha y el esfuerzo; es más bien un actuar siguiendo las señales, en sintonía con cada latido de la vida, alineados con el fluir de la existencia y, por supuesto, acompañado de periodos puramente *ying*, receptivos, en los que esperamos pacientemente, sin ansiedad ni expectativas. Este esperar sin expectativas es la clave de nuestro fluir.

No tener expectativas implica no empeñarnos en algo solo porque pensamos que nos va a hacer felices, ya que en muchas ocasiones no sabemos qué es eso realmente, y la vida se encarga de corregir esa desviación y llevarnos por otros derroteros que no habíamos contemplado.

Podemos tener marcado un camino, una misión, un propósito, un sendero vital, y recorrerlo poquito a poco. No hace falta aferrarse a los resultados, eso solo nos lleva a decepcionarnos una y otra vez.

El que necesita planificarlo y controlarlo todo es el ego; pero, paradójicamente, desde esa posición de control solo consigues vivir en la decepción, el miedo y el dolor al no cumplirse tus expectativas. Solo cuando confías en la vida y te abres a las múltiples posibilidades que esta te ofrece (aunque no estén alineadas con tus planes previos), solo desde ese estado de aceptación incondicional, podrás alcanzar la verdadera felicidad.

25
La aceptación aplicada a la pareja

MUCHAS PAREJAS DE enamorados acuden a mi consulta después de unos meses juntos porque sienten que esa relación ya no es como ellos esperaban, sienten que algo no funciona y que el otro les ha decepcionado.

Como apuntaba en otro capítulo, se han dado cuenta de que el otro no responde a esa imagen idealizada que tenían de él o de ella, se encuentran con la persona real y la rechazan.

Inicialmente eran cuatro personas: la persona que él se imaginaba que ella era, la persona que ella se imaginaba que era él y las dos personas reales.

En ese momento acuden a mí buscando ayuda, planteándome las cosas que el otro tiene que cambiar, que necesita hacer mejor, las cosas que no le gustan del otro y cómo plantear la negociación para que el otro cambie.

Yo siempre les digo que me niego a entrar en ese juego ya que la otra persona no tiene nada que cambiar. Incluso, en algunas ocasiones, personas perdidas y con la autoestima destrozada me preguntan: «¿Dime qué tengo que cambiar?».

Lo único que tienes que cambiar es el amor hacia ti mismo, porque si estás preguntándoles a los demás lo que tienes que cambiar lo único que estás evidenciando es que no te aceptas a ti mismo, que no te amas.

Es fundamental la autoaceptación para la construcción de la autoestima, para sentirnos completos y así **poder amar sin dependencia, sin dolor y sin carencia**. Es fundamental que nos aceptemos, conocedores de que en nosotros existen partes no sanadas y heridas emocionales, y que eso no es malo en sí mismo. Cuando aprendemos a aceptarnos, automáticamente aprendemos a aceptar al otro, dejamos de juzgarlo, de querer cambiarlo y de pretender que se amolde a nuestras necesidades.

El otro nunca va a poder cubrir nuestras necesidades, es una enorme falacia y un engaño pensar que eso es posible.

Intentar cambiar al otro es asumir que este tiene que cambiar, hacer determinadas cosas y amoldarse a tus expectativas para que tú puedas ser feliz. Eso conlleva que estás cediendo tu poder, que estás depositando tu felicidad fuera de ti. Una vez más, te estás dejando condicionar por circunstancias externas que inconscientemente creas con tu falta de empoderamiento.

Intentar cambiar al otro es absurdo, es presuponer que le necesitas para ser feliz. ¡Dios mío!, qué estrés depender de otra persona para poder estar bien.

Pero, desgraciadamente, todos caemos una y otra vez en ese tipo de dinámicas destructivas.

Nos contamos películas egoicas que justifican nuestra actitud: desde que lo hacemos por su bien hasta que es la otra persona la que nos lo pide o que estamos tratando de ayudar. Son argumentos racionales para justificar que no estamos en paz. Por eso, proyectamos nuestra falta de equilibrio en el otro y necesitamos que haga determinadas cosas para poder ser felices.

Recuerdo una ocasión al inicio de mi relación con Rodrigo en que le compré parches de nicotina. Rodrigo fumaba como un carretero, uno detrás de otro, de una forma ansiosa y altamente adictiva. Me preocupaba estar expuesta al tabaco en todo momento. Me preocupaba su comportamiento nervioso que le llevaba a empalmar un cigarro con otro. Me preocupaba su salud.

De modo que le di una charla paternalista acerca de la necesidad de dejar de fumar y fui a una farmacia a comprarle un kit antitabaco de parches de nicotina. Yo me sentía muy orgullosa de ayudarle a dejar de fumar, orgullosa de preocuparme por él y de colaborar en poner fin a ese hábito tan destructivo.

Rodrigo no solo no dejó de fumar sino que además la situación nos costó varias peleas y broncas. Me decía que lo iba a dejar, pero no lo cumplía y seguía fumando. Yo me sentía defraudada porque él me decía una cosa y hacía otra diferente.

A día de hoy me pregunto cómo pude ser tan ingenua. Cómo podía pretender cambiarle y encima pensar que le estaba ayudando. Ahora comprendo por qué en mi vida se daban tantas situaciones de caos y desamor. Todas ellas estaban destinadas a hacerme ver que cuando trataba de cambiar al otro en realidad no lo estaba amando ni aceptando, sino que estaba pretendiendo que se adaptase a mis necesidades, en este caso en concreto de respirar aire puro en mi casa. Pero mi ego me contaba películas en las que yo era muy buena y ayudaba mucho a Rodrigo.

El amor implica aceptación, una aceptación incondicional del otro, pero si le estamos intentando cambiar no le estamos amando. Al juzgar sus conductas, no amamos ni le aceptamos tal como es. Si pensamos que tiene que cambiar o mejorar, no estamos amando.

Cómo juzgamos a los demás es un reflejo de cómo nos juzgamos a nosotros mismos. Si tratamos de cambiar al otro para que sea como nosotros queremos y que se amolde a nuestros deseos, en realidad estamos proyectando nuestra falta de aceptación hacia nosotros mismos y creando un mundo en el que nuestra pareja nos reflejará un amor carente, o lo que es lo mismo: desamor, que nosotros emitimos hacia nosotros mismos y hacia los demás.

El amor lleva implícita la aceptación, y si quiero cambiar o mejorar a mi pareja, no le estoy amando.

Recuerdo otro caso de una mujer muy religiosa que se pasaba las mañanas rezando el rosario y pidiéndole ayuda a Dios para que la ayudase a ser feliz y a dejar de sufrir. Esta mujer no sabía que no hay nada que pedir fuera, que solo tenemos que conectarnos con el Dios que subyace en nuestro interior, con esa chispa divina que es nuestra esencia y que nunca se ha separado de Dios. Me contó que tenía un amigo al que ayudaba a ser bueno y al que decía cómo podía mejorar y qué aspectos tenía que cambiar porque era un pecador.

¿Se os ocurre algo más hipócrita y falto de amor?

Todos somos inocentes, hacemos lo que podemos, así que ver a nuestro hermanito, a nuestro semejante, como un pecador es lo más falto de amor que podemos hacer, y juzgándole no le estamos ayudando. La única forma real de ayudar a alguien es mediante la aceptación real, viéndole como alguien inocente y capaz que puede crear con su vida lo que desee.

Era evidente que esta mujer estaba sufriendo y que solo concedía autoridad a lo que le dijese un cura; y no digo que un cura no esté más en lo cierto que yo, pero no por el hecho de ser cura, sino por ser persona. Todos tenemos la sabiduría esencial dentro de nuestros corazones, por eso cuando le damos ese poder a otros se convierte en religión, sectas y dogmas; y, en cambio, cuando nos conectamos con nuestra esencia y con el infinito poder que subyace en nuestro interior, nuestro corazón nos muestra el camino y nos hace ver que en esencia todos somos como Jesús, Buda, Lao Tse o Mahoma. Porque en esencia todos somos lo mismo, y cada uno de nosotros es absolutamente digno de amor y no es necesario cambiar a nadie.

Es posible que alguien pueda cambiar su comportamiento durante un periodo de tiempo al sentirse fascinado por su pareja; pero si ese cambio no surge de una convicción personal interna ni de una necesidad real, solo será un cambio en el mundo de las formas, y nunca un cambio real, significativo y duradero. La persona volverá a sus viejos hábitos y rutinas con más fuerza que antes ya que los había estado reprimiendo para agradar al otro.

Lo único que podemos decidir cambiar es a nosotros mismos, y podemos hacerlo, podemos cambiar y convertirnos en una mejor versión de nosotros mismos en el momento en el que nos aceptemos y decidamos ser nosotros al 100%.

Cuando nos aceptamos, ya no necesitamos que nadie cambie porque tomamos conciencia de que necesitar cambiar a alguien es solo una proyección de nuestra propia sombra, una proyección de nuestras partes no sanadas, y, por eso, pretendemos que se amolden a nosotros y vemos en ellos nuestra falta de aceptación y nuestra propia culpa.

Te pongo otro ejemplo, en una ocasión salí durante algunos meses con un chico al que yo percibía, por aquel entonces, como un desastre en lo profesional. Era albañil en paro, llevaba años sin trabajo y vivía de un subsidio de desempleo. El chico me gustaba, me parecía atractivo.

Traté de ayudarle e intenté convertirle en alguien mejor; le daba dinero para que se vistiese mejor y le convencí para que se apuntase a la autoescuela. Incluso me ofrecí a pagársela yo, para que al menos tuviese el carnet de conducir y eso le ayudase en su búsqueda de empleo. Finalmente, la relación se terminó y no llegué a hacerlo.

Ahora entiendo que, aunque creía estar ayudándole, en realidad, no le estaba amando porque inconscientemente le consideraba poco para mí, por eso quería convertirlo en alguien mejor, mejorar su aspecto físico y su currículum. Realmente era incapaz de amarlo tal y como era, porque yo tenía parte de mi autoestima puesta en mi espectacular currículum y proyectaba esa parte de mí en él, mostrando mi incapacidad para amarlo y aceptarlo como él era realmente. Actualmente no tengo mi autoestima puesta en mis títulos o en mi apariencia externa, por eso me resultaría indiferente tener un novio sin un buen puesto de trabajo o con ese tipo de condicionantes, probablemente ahora sería capaz de amarle realmente y no trataría de proyectar mis carencias en él contándome a mí misma lo buena que soy y tratando de cambiarle.

¿Qué puedo decir? Todos nos metemos en el juego de cambiarnos unos a otros y de proyectar nuestra sombra, no en vano decía Jesús: «Vemos la paja en el ojo ajeno, pero no vemos la viga en el propio», y así es. En el momento en el que comenzamos a amarnos y a aceptarnos, los demás ya no tienen que cambiar para que nos sintamos bien, ya no tienen que ser diferentes ni se tienen que amoldar a nuestras expectativas. Ya no esperamos nada de nadie y hemos aprendido a estar en paz.

Por eso, el verdadero amor implica aceptación y solo se alcanza cuando estamos en paz con nosotros mismos. El verdadero amor no pretende cambiar a nadie, lo acepta todo, lo abarca todo y comprende que todo es perfecto: las personas, las situaciones y el fluir de la vida.

Actualmente, trato de aceptar a todas las personas tal y como son, aunque evidentemente sigo teniendo ego y afinidades personales; no obstante, la vida me va trayendo a personitas que me hacen de espejos de mi propia autoaceptación; me ha costado tanto aprender a aceptarme, aprender a estar en paz conmigo misma, alinearme con mi ser y amarme… Y, en realidad, era tan simple como dejar de juzgarme y, paulatinamente, dejar de juzgar a los demás.

Era tan simple como aceptar la vida como es sin intentar cambiar a nadie.

Quiero mostrarte más ejemplos de personas que se intentaban cambiar unas a otras, que intentaban modificar la realidad para ser felices, y la continua frustración que manaba de esos infructuosos intentos.

Conocí a una pareja en la que él estaba obsesionado con protegerla a ella. Ella era una chica espectacular, era muy guapa y le gustaba vestir de forma provocativa. Él no lo soportaba, y tampoco le gustaba que ella tuviese amigos hombres. Él se decía conocedor de la mentalidad masculina y creía poder protegerla ya que creía saber lo que piensan los hombres, esos que decían ser sus amigos pero que en realidad se querían acostar con ella. Ella sufría porque no entendía por qué tenía tantos celos de sus amigos. En realidad, él estaba intentando cambiarla con la excusa de que la quería proteger. No la estaba aceptando ni amando, inconsciente de que no tenía ningún derecho a decidir sobre cómo ella tenía que vestir o con quién se tenía que relacionar. No la estaba amando porque no le estaba permitiendo ser ella misma.

Si estás con alguien a quien no puedes respaldar, lo mejor es interrumpir esa relación, no continuarla a toda costa e intentar cambiar al otro.

Voy a poner un ejemplo muy burdo. Para mí sería un conflicto compartir mi vida con un torero porque soy una gran amante de los animales. Mi padre es cazador y lo amo y lo respeto, pero yo no podría ser pareja de un torero o un cazador porque estaría intentando cambiarlo y convencerlo de que torturar y matar animales no es un *hobby* aceptable.

Este mismo razonamiento se puede aplicar a hábitos, actitudes o creencias. Seguramente, yo tampoco podría compartir mi vida con alguien que no creyese en nada de lo que para mí son mis convicciones más profundas. Por ejemplo, me pregunto si podría compartir mi vida con alguien que no hubiese explorado la dimensión espiritual trascendente, y, sinceramente, creo que no. No es que no pueda amarlo o aceptarlo, pero a la hora de compartir nuestra vida tiene que haber un alineamiento en el sistema de creencias, al menos en lo fundamental, porque, si no, correríamos el riesgo de estar intentando cambiarnos el uno al otro y eso nos acabaría desgastando y destruyendo.

Llegado este caso, es preferible no compartir nuestra vida con nadie que hacerlo con alguien de forma forzosa intentando acoplarnos y amoldarnos a esa persona, y renunciando parcialmente a quien somos para poder encajar.

Sostengo que el amor no requiere renuncia ni sacrificio, y que una relación de pareja en la que no podamos ser nosotros mismos al 100% y expresarnos plenamente no tiene sentido.

El amor implica aceptación incondicional del otro.

El «te quiero si haces lo que yo digo» no tiene nada que ver con el amor, son contratos.

Normalmente nos enamoramos de alguien con un sistema de creencias dispar al nuestro para aprender, para que nos sirva de espejo, para crecer. Pero ha de ser alguien a quien podamos respaldar, a quien no queramos cambiar desde el primer momento.

Hay parejas que quieren imponer al otro miembro que tenga hijos o la forma de educar a los niños; hay parejas que imponen al otro las compañías y hasta los hábitos; hay parejas que imponen el partido político o el credo religioso. En ocasiones, la pareja cede por miedo, acepta los condicionamientos exigidos por el otro, que cada vez va ganando más terreno e insistiendo en su voluntad de cambiarlo. Ese es un juego que no acaba nunca y que se podría sanar desde el primer instante diciendo NO, y de paso enseñarle a nuestro compañero la importancia de la aceptación y la escucha. Ese tipo de situaciones se les suelen manifestar a personas que no se aceptan a sí mismas para que vean en el exterior esa falta de aceptación. De ese modo pueden aprender a aceptarse y a poner límites, pueden aprender a decir no.

Nuestros padres no supieron amarnos incondicionalmente y nosotros, inconscientemente, mandamos a los demás el mensaje de que han de cambiar, es decir, de que no son lo suficientemente buenos para que los queramos, que no son dignos de amor.

Creo que nadie, o casi nadie, nos ha amado realmente con plena aceptación. Por eso, la mayor bendición que un ser humano puede regalar a otro ser humano es la de la aceptación. El amor real lleva implícita la aceptación. El mayor regalo que puedo hacerte es amarte tal cual eres, porque probablemente en esta sociedad enferma nadie te haya amado nunca desde la aceptación plena y nunca hayas sentido la mirada del amor real. Esa mirada que te recuerda que ya eres Dios y que todo está bien contigo, que no hay nada que tengas que cambiar o mejorar para ser digno de amor porque ya lo eres todo.

¿Se os ocurre mayor regalo para alguien que amarlo con plena aceptación recordándole que es Dios?

26
La víctima

En capítulos anteriores te he hablado de mi pasado activista, de cuando acudía a manifestaciones y participaba en los movimientos sociales.

Recuerdo esa poderosa energía, sentirme consciente y gritar en contra de los partidos políticos, del bipartidismo PP-PSOE, en contra de sus actos y de su falta de civismo.

Nos quejábamos y argumentábamos sobre cómo deberían ser las cosas o como deberían cambiar, pero también éramos víctimas.

No nos creíamos responsables ni poderosos para poder cambiar el mundo, esa es la energía de la víctima. La víctima sigue pensando que los demás tienen que cambiar, tienen que ser mejores y comportarse de cierta manera para poder ser felices, porque ellos no pueden hacerlo por sí mismos. La víctima cree que tiene razón y que todos los demás están equivocados.

Después de mi primera ruptura de pareja, yo pensaba que Rodrigo se había portado muy mal conmigo, que había sido un cerdo, que no me había sabido valorar... Luego, llegó mi segunda ruptura, que precedió a mi despertar. Gracias a esas dos experiencias, empecé a tomar conciencia de que había algo en mí que tenía que cambiar; mis experiencias vitales me llevaron a recordar quién soy realmente y a empoderarme. En ese momento, comprendí todos los comportamientos victimistas que había tenido hasta ese momento y me di cuenta de que mi ego había hecho muy bien su trabajo.

Era una zombi, me había olvidado completamente de mi esencia divina, hasta que poco a poco comprendí que todo el poder y toda la responsabilidad estaban en mí, y que solo necesitaba aprender a amarme para revertir la situación.

Por eso, perdonar a mis agresores fue necesario para sanarme; necesitaba comprender que, en el teatro de la vida, ellos simplemente estaban haciendo su papel, igual que yo el mío, y que, en realidad, me estaban proveyendo de un espejo perfecto en el que ver reflejada mi falta de amor hacia mí misma.

Perdonarlos fue necesario para aprender a amarme, para continuar mi proceso. Comprendí que no estaban separados de mí, que todos estábamos interconectados en ese profundo uno que éramos en esencia, que solo nuestros egos y nuestros personajes se peleaban. Perdonarlos me ayudó a ser feliz, a soltar, a pasar página y a recordar quién soy realmente.

Nos percibimos separados en el juego de la vida, pero no lo estamos. Esencialmente, estamos unidos cocreando las experiencias y todos somos uno. Todos somos Dios.

Ese proceso me ayudó a darme cuenta del diamante en bruto que eran esas experiencias. Perdonarlos e integrar ese aprendizaje me ha permitido ayudar a miles de personas en todo el mundo; ese perdón sincero es una de las cosas más sabias que he hecho en mi vida y encontrarme a esas personas en mi camino ha sido justo lo que necesitaba. Gracias a su presencia en mi vida me he convertido en la mujer poderosa y amorosa que soy a día de hoy.

No somos víctimas, y si seguimos instalados en ese papel nunca vamos a encontrar la paz y el amor que realmente somos y nos merecemos.

Así mismo, no había que ir en contra de nadie, ni de los partidos políticos, no hacía falta cambiar el mundo, sólo aceptarlo, sólo integrarlo, sólo amarlo.

El amor no lucha, el amor no separa, el amor sólo incluye y acepta.

27
El compromiso

COMPROMISO ES UNA PALABRA que me provoca ambivalencia. Por un lado, por compromiso entiendo la responsabilidad de ser íntegro, honesto y auténtico con los demás. Esta es la parte que comparto plenamente, aunque me gusta más llamarlo integridad que compromiso.

Entiendo que el compromiso principalmente tiene que ver con los hijos, y esa es la responsabilidad que adquieren dos personas cuando deciden traer hijos a este mundo. Es una responsabilidad compartida, no algo que recae solo en uno de los progenitores, tal y como pasa muchas veces en la vida real.

Tener hijos es una gran responsabilidad. Ambos miembros deberían tener el propósito de amar incondicionalmente a ese hijo, de comprometerse con su desarrollo y su bienestar hasta que sea capaz de valerse por sí mismo.

Respecto a la integridad de ser fiel a la pareja:

Yo no concibo engañar, *poner los cuernos* o tener amantes cuando estoy con alguien porque me parece una falta de integridad. No juzgo a las personas que lo hacen, ya cada uno es libre de hacer lo que quiera con su vida, pero personalmente prefiero interrumpir una relación que perpetuar una mentira. Es mi elección personal.

Para mí, el compromiso es diferente a la integridad. En él también puede haber un apego encubierto y una necesidad de agarrar al otro para que se quede a mi lado. El compromiso implica, en cierto sentido, un miedo encubierto. Creo que las personas tenemos derecho a cambiar de opinión; hoy nos puede apetecer estar con alguien y mañana podemos decidir que ya no queremos seguir con esa persona. Establecemos contratos y compromisos como garantía de que vamos a estar siempre con la otra persona, de que no vamos a fallarle, etc., y no nos damos cuenta de que la motivación última de ese compromiso que exigimos al otro es un miedo encubierto. Buscamos convertir esa relación en algo inamovible.

Pero eso no es real. Ni siquiera el matrimonio nos asegura un contrato de por vida ya que dos de cada tres matrimonios se rompen. El compromiso no es ninguna garantía.

Yo, personalmente, no necesito ese compromiso, aunque sí pido que si alguien está conmigo esté solo conmigo… eso sí, hoy. No marco un horizonte temporal, no pongo condicionantes, no me proyecto en el tiempo, porque sé que eso es proyectar mi miedo al abandono, al rechazo, a la soledad, y eso es lo que sostiene el compromiso.

Creo en el amor desde el estado de presencia basado en el ahora, en compartir este instante, sin imposiciones ni ataduras y desde la libertad.

Creo firmemente en que lo mejor que puedes hacer para que alguien te ame y desee estar contigo es desapegarte y soltarlo, dejarle libre, dejarle su espacio y que en paralelo a la relación tenga su vida y sus aficiones, que haga sus cosas, incluso que tenga su espacio privado dentro de casa. Creo que es esencial para que una pareja funcione realmente que ambos miembros realicen planes y actividades por su cuenta, incluso sin tener que dar explicaciones al otro más allá de las meramente informativas por cuestiones prácticas;

creo que esa es la clave de un amor pleno. Un amor en el que los miembros deciden libremente qué hacer con sus vidas y en el que, tras hacer sus planes por separado, se reencuentran como individuos plenos y comparten otra parcela de sus vidas.

Yo me he empoderado tanto, me he vuelto tan independiente, tengo tantos amigos varones con los que comparto momentos y confidencias, me relaciono con tantos grupos diferentes de personas, que no consentiría a mi pareja que me limitase a la hora de quedar con otras personas o hacer aquello que me apetece. Eso sí, mi tiempo, mis amistades y mis aficiones siempre están abiertas a mi pareja para que me acompañe cuando lo desee. Aunque, por otro lado, creo que si me acompañase todos los días terminaría agobiándome, así que, definitivamente, necesito mi propio espacio.

Este planteamiento es igual de válido con mis amigos, a los que no exijo nada, ni de los que espero nada, y que acepto que se acerquen a mí cuando quieran aunque lleven seis meses sin dar señales de vida; para ellos también están siempre abiertos mis planes.

Nunca he entendido la actitud de no querer mezclar gente diferente o tener grupos de amigos que son compartimentos estancos, eso es miedo.

Con la pareja ocurre lo mismo, no necesito a esa persona constantemente a mi lado, puedo hacer planes por mí misma y de hecho siempre los estoy haciendo, y él, si quiere, puede acompañarme. Hay que encontrar un equilibrio entre el compartir y el respeto a nuestra individualidad y a nuestro espacio. Es algo parecido a cuando hablábamos de fluir y de ese equilibrio entre la energía *ying* y la energía *yang*.

En ocasiones, me escriben personas con fuertes dudas, me cuentan que están cansados de sus parejas porque no se comprometen como a ellos les gustaría. En mi opinión, sus parejas tienen miedo al compromiso igual que ellos tienen apego y miedo al abandono o al rechazo. Sus parejas les están ofreciendo una experiencia perfecta para su evolución al negarse a aceptar el compromiso, les reflejan el mismo miedo que ellos tienen en otro formato y les obligan a ver que se conforman con migajas de afecto en lugar de aspirar a un amor pleno. Del mismo modo, la persona que rechaza el compromiso quizá no es capaz de amar plenamente, quizá necesita sentir que ejerce poder sobre varias personas o tiene miedo a la intimidad y a su pareja, que pidiéndole más compromiso y cercanía le está llevando a enfrentarse con sus miedos.

Voy a describir el caso real de dos mujeres que acudieron a mi consulta en busca de ayuda.

María y Queca eran una pareja de lesbianas que llegaron a mis sesiones después de tres años de relación. María era gordita y Queca delgada, consumida. No es la primera vez que observo como una persona acumula kilos y aumenta de peso como una forma de protección inconsciente contra los juicios y exigencias de su pareja.

Queca tenía mucho miedo a la soledad y establecía relaciones destructivas basadas en la dependencia. María era condescendiente y complaciente, y tenía serías dificultades para decir que no o poner límites.

Ambas eran muy lindas, con personalidades hermosísimas, y cuando se enganchaban en esa serie de manipulaciones emocionales lo hacían desde la inconsciencia. Queca había vivido una infancia muy dura, había sufrido abandono por parte de sus padres y se había pasado la infancia en un internado ya que sus padres trabajaban muy duro y apenas tenían tiempo para atenderla. Eso había provocado en ella mucho miedo al abandono y a la soledad, y la necesidad de tener siempre a alguien a su lado.

María era más independiente, aunque era consciente de que la vida le estaba enseñando algo a través de Queca. Arrastraba un historial de relaciones con otras mujeres dependientes, incluso su primer novio había sido una persona dependiente. Ella sabía que estaba ahí por algo, pero no paraba de repetirme: «Si yo soy independiente emocionalmente, ¿porque mis parejas siempre son dependientes?». Le pregunté si ella siempre había tenido antes sobrepeso y me dijo que en absoluto, que había engordado a raíz de su relación con Queca.

Queca le exigía más compromiso, más dedicación, más tiempo juntas (no vivían juntas, solo convivían los fines de semana ya que durante la semana María trabajaba y vivía con su madre). Queca quería cambiar a María y que se amoldase a sus necesidades. María se resistía porque las exigencias de Queca siempre iban a más y comenzaba a ver sus manipulaciones y chantajes emocionales inconscientes. Finalmente, María había aprendido a poner límites, a reivindicar su espacio, tiempo para ella, había aprendido a decir que no a las exigencias de Queca y había crecido enormemente. Queca seguía culpando a María de todos sus males, culpándola del fracaso de la relación por no querer vivir con ella, por no dedicarle tiempo, porque no hacía lo que ella quería. Acabaron rompiendo y María recuperó su figura.

La única solución es cambiar nosotros, ser capaces de ver la oportunidad de cambio que nos presenta el otro en forma de conflictos y malos entendidos. La vida le estaba dando a Queca una oportunidad de superar su dependencia y empoderarse que no supo aprovechar; su próxima relación le regalará un episodio similar en formato amplificado. Sin embargo, María sí supo ver las variables que se estaban moviendo en esa relación e inconscientemente aprendió a poner límites, a valorarse y a no ceder ante la manipulación inconsciente de Queca. Estoy segura de que su próxima relación le mostrará un patrón más sano y equilibrado.

Me encantó trabajar con ellas, aprendí mucho observándolas y además les cogí muchísimo cariño, solo me queda la espinita de no haber podido transmitirle todo esto a Queca, pero ella estaba cerrada y no quería verlo.

La aceptación también implica eso: no tratar de cambiar a nadie. Incluso cuando tengas claro que es lo que el otro necesita para su evolución, es la persona la que tiene que descubrirlo por sí misma. Podemos dar nuestra opinión en forma de consejo tratando de ayudar si alguien nos pide ayuda, como en este caso, pero de ningún modo debemos tratar de convencer al otro de que tenemos razón y sabemos lo que él o ella necesita.

28
Los celos y la confianza

SI SENTIMOS CELOS, es que tenemos miedo, y si tenemos miedo no estamos amando, tal y como he reiterado a lo largo de este libro. Los celos son una manifestación de nuestro ego, que quiere controlarlo todo ya que en nosotros hay una necesidad de competir y un miedo al rechazo y al abandono.

Sentir miedo es lo contrario a sentir amor, así que nunca deberíamos entrar en manipulaciones emocionales que suscitan celos, porque una vez más nos estamos identificando como alguien carente que necesita atención y reconocimiento, y el otro, con sus celos, nos hace de espejo de nuestro miedo a no ser lo suficientemente buenos.

En una relación, es muy importante la confianza, confiar en las personas es amarlas, es aceptarlas como son, implica nutrirse de un día a día expansivo sin contratos ni chantajes. Una vida que permita a ambos miembros de la pareja jugar, disfrutar, reír y crecer.

Los celos nos llevan al dolor, estamos alimentando el ego y entrando en un círculo vicioso de desamor.

La confianza es una energía de abundancia: de experiencias, de sensaciones y de alegría.

La abundancia es una energía de respeto, es una energía empoderante; si confiamos en las personas, obtendremos su mejor versión de sí mismas. Si confiamos en las personas, ellas confiarán en nosotros y estaremos amando de verdad, desde el corazón.

Confiar es relacionarte en el momento presente desde la apertura de corazón, sin esperar y sin exigencias.

Nunca esperes nada de nadie y la vida te devolverá abundancia, amor y plenitud.

Mientras estás esperando, el mensaje que le estás mandando al universo es que necesitas a los demás, que no eres autosuficiente, y el universo te devolverá más carencia.

Si quieres disfrutar de abundancia relacional en tu vida, siéntete abundante y, sencillamente, no tengas expectativas sobre nadie; la vida te sorprenderá con un espectáculo relacional de majestuosa belleza derivado de esa ausencia de expectativas.

Los celos te restan, te merman y son un reflejo de tu miedo al abandono, al rechazo y de tus heridas emocionales no sanadas. Al primero que destruyes con los celos es a ti mismo

29

Si tu pareja te engaña o te abandona

SI TE VES EN ESTA situación, puedes sentirte engañado y dejarte sacudir por el drama de lo sucedido, o identificar la enorme oportunidad que se te ofrece: la apertura energética a nuevas posibilidades, y revertir la pregunta:

¿Realmente merece la pena estar con alguien que no me valora?

¿Por qué se me está manifestando esta situación?

¿Qué parte de mí se engaña o abandona?

Semejante situación no se puede dar si no te estás autoengañando acerca de esa unión de la que, probablemente, el principal componente no es el amor sino el miedo.

Sí, ya sé que tú crees que amas a tu pareja, que le quieres, que ves su belleza y él no sabe valorarte…

La pregunta clave es: ¿Tú te valoras a ti mismo?

¿Le necesitas a él/ella?

Porque si le necesitas, si sientes que no quieres que falte, eso no es amor, es miedo. Miedo a la soledad, al abandono, al tedio, miedo al qué dirán, miedo por motivos económicos, etc.

El miedo y el amor no pueden coexistir, son antagónicos, pero desgraciadamente vivimos en una sociedad donde la palabra «amor» está denostada. Llamamos amor a relaciones basadas en la dependencia o en la cobertura mutua de necesidades.

Es increíble la facilidad con la que la gente acepta que el amor debe ir acompañado de sacrificio, que una relación supone renuncia y que es necesario un sacrificio de ambos miembros para que la relación pueda tener continuidad en el tiempo.

Para mí, esto no es más que una muestra de lo denostada y mancillada que tenemos la palabra «amor». El amor real es comunión y expansión; el amor real no puede ir acompañado de sacrificio ya que el sacrificio implica renuncia y limitación. Para mí, el amor no puede ser limitado, contingente y finito, sino que es una energía en expansión.

Una energía en expansión carente de miedo, totalmente antagónica a él. Lo único que sostiene la necesidad de sacrificio es la culpabilidad interna que sentimos por no creernos merecedores de nada mejor, así que nos sacrificamos para mantener lo que tenemos. Albergamos un profundo miedo inconsciente a no ser capaces de vivir solos, a no ser capaces de ganar dinero, etc.

Triste, pero cierto, por muy aceptado que esté socialmente. Podemos sacrificarnos por nuestros hijos, menores de edad y dependientes por naturaleza, pero no en una relación de adultos que se relacionan en un plano de igualdad.

Cuando experimentas un abandono o un engaño es porque estabas conformándote con unas migajas de amor o con una aparente normalidad, vacía a un nivel más profundo. Te estabas autoengañando o autoabandonando, y la vida, en su infinita sabiduría, te empujará hacia tu expansión, a superar esa dependencia emocional, al empoderamiento individual... te empujará a que aprendas a estar solo.

Esa ruptura es un regalo para una vida plena. El engaño es una señal clara de que esa relación no estaba funcionando, para que puedas dejarla y seguir tu camino.

Tu camino en busca de la paz interior y de una vida plena.

Ese camino que habías olvidado, que es tu esencia, en el que tú ya eres y no necesitas buscar nada fuera. Esa infinita fuente de amor que emana de tu esencia pero que has olvidado, de la que te has desconectado. Por eso, la vida te empuja a que recuerdes quién eres.

Es decir, **tu pareja te está ayudando a que descubras y recuerdes quién eres realmente.**

Ese ser sublime e infinitamente poderoso que eres en esencia.

Puro amor que no necesita a nadie para ser feliz.

30
Libérate de la necesidad de tener razón

COMO YA HE TRATADO en otros capítulos, el mundo es un reflejo de nuestro sistema de creencias, lo que quiere decir que cada uno tenemos nuestra verdad. La vida nos refleja esa verdad y en nuestro mundo aparecen personas con un pensamiento similar al nuestro que nos van a reafirmar en nuestras creencias. Solo en el momento en que nos atrevemos a pensar diferente y modificar nuestra percepción (nuestra verdad) todo nuestro mundo cambia y aparecen otras personas afines en nuestras vidas. Personas que nos reflejan esas nuevas creencias y pensamientos.

Nunca vamos a convencer a nadie de que piense como nosotros, por eso no tiene ningún sentido tratar de tener razón.

En realidad, siempre todos tenemos razón, nuestra razón, y el mundo nos la refleja. No hay nadie que no tenga razón, esa es su verdad y el mundo se la va a evidenciar. Por eso, hasta los políticos y los banqueros tienen razón, desde su miedo, su ego, su necesidad de acumular y de controlar, y desde su sufrimiento son completamente inocentes y están creando un mundo acorde a su sistema de creencias, un mundo en el que hay que luchar y competir; y la realidad les verifica su creencia en la escasez, esa es su verdad, es una verdad egoica y no es real, pero es su verdad y por eso, visto de ese modo, ellos también tienen razón. Todos la tenemos.

No tiene sentido ni te va a ayudar engancharte con tu pareja en una discusión por tener razón. Cuanto antes te liberes de esa necesidad, más quietud y paz interior experimentarás.

Es maravilloso comprender que cuando no estás de acuerdo con alguien, eso también es un espejo de algo, y en lugar de tratar de cambiar al otro, puedes optar por tratar de entender qué parte de ti te está reflejando. Si es algo que te molesta, la dimensión de ese malestar tendrá que ver con la dimensión de tu herida emocional no sanada y, poco a poco, irás aprendiendo a reconocer qué partes no sanadas de ti te está mostrando tu pareja u otras personas. Así, lo que no te gusta en otros lo modificarás en ti y de ese modo puedes ir sanándote y evolucionando. Es maravilloso que de vez en cuando alguien no nos dé la razón y así nos permita cuestionar nuestra verdad para, quizá, tomar la decisión de modificarla o ampliarla.

Cada vez que alguien disiente de nuestro sentir o parecer, nos está dando una oportunidad de crecer, de ser capaces de ver cosas que hasta ahora no veíamos, o bien de que le amemos y aceptemos tal como es a pesar de tener un sistema de creencias opuesto al nuestro. Quizás esa sea nuestra gran oportunidad, simplemente aprender a amar. La mayoría de las veces no hay que entender nada, solo hay que amar.

En ocasiones, hay personas que me preguntan qué pueden hacer cuando tienen un despertar espiritual y sus parejas aún continúan apegadas al viejo patrón de creencias empírico y racional o católico tradicional. ¿Qué podemos hacer ante esa situación? Amarlos y aceptarlos sin tratar de convencerles de nada ni cambiarlos.

Quizá si simplemente los amamos y aceptamos sin presuponer que nosotros sabemos más o tenemos razón, podemos tener una aproximación en el corazón que nos permita evolucionar juntos y amarnos de forma más real y poderosa.

31
Mi relación plena

En ese momento, yo me encontraba integrando los conceptos que describo en este libro después de haberme autoimpuesto seis meses de soledad.

De soledad elegida, es decir, de soledad consciente.

Siempre recomiendo a las personas que aprendan a estar solas y siempre me dicen que ya saben, que llevan mucho tiempo así. Llevar tres años empalmando una relación caótica con otra y pasando los ratos libres en páginas de *ligoteo* por Internet no significa que hayas aprendido a estar solo.

Estar solo de forma elegida libremente lleva implícito dejar de buscar pareja, empoderarse y comenzar a amarse.

Yo había comenzado a amarme, había iniciado una profunda búsqueda espiritual que me había llevado a meditar y a leer cientos de libros, y en esa transición y ese proceso de cambio estaba aprendiendo a amarme a mí misma.

Me valoraba más y me sentía mucho mejor.

En ese momento, Ricardo apareció en mi vida, vino rodeado de múltiples señales que me decían que él iba a ser alguien especial en mi vida y que con él iba a experimentar un gran aprendizaje.

Cuando le conocí, él tenía un hijo de casi cuatro años y yo nunca había tenido contacto con niños.

Nos enamoramos profundamente, fue todo muy mágico y vivimos una relación muy bonita.

Éramos dos claros espejitos. Ricardo me abrazaba, me acariciaba y me daba incontables muestras de afecto, yo me quedaba dormida entre sus brazos dando gracias a la vida por todo el amor que compartíamos. Sabía que era mi espejo y me encantaba ver cómo la vida me reflejaba mi cambio interior, cómo había alguien que me mostraba el incipiente y novedoso amor que sentía hacia mí misma.

Me escuchaba, me respetaba y disfrutaba mucho de hacer el amor con él.

Con su hijo me costó un poco más ya que yo nunca había pasado tiempo con niños y no sabía cómo comunicarme con él. Me costaba establecer una relación sana con él y que no me identificase como una intrusa entre sus padres. Sus padres llevaban un año separados cuando yo aparecí en la vida de Ricardo.

Pronto, comencé a comunicarme con el niño y me encantaba su magia. No era una comunicación verbal sino energética, me parecía increíble que alguien tan pequeño pudiera tener tanta profundidad y ejemplificar muchas de las cosas que leía en los libros de W. Dyer o D. Chopra.

Era un niño despierto, alegre, vivo y era un placer pasar tiempo con él. De vez en cuando, me ponía límites y me recordaba que yo no era su madre y eso también era bonito, ver el empoderamiento de un *mico* de 4 años reivindicando su sitio. Un día le dije: «Ains… mi *pichonín*», y me respondió: «No soy tuyo, soy de papá».

Era valiente, no tenía miedo, estaba presente, era belleza.

Ambos supimos compartir juegos y hacernos amigos.

Recuerdo una ocasión en la que me dijo: «No me gusta este mundo, hay mucho sufrimiento».

En otra ocasión, me pilló despotricando contra alguien, me miró a los ojos y me dijo: «Guadalupe, nadie es malo».

Con 4 añitos me estaba recordando que todos somos inocentes y hacemos lo que podemos. Era un niño muy sabio y para mí fue un regalo pasar tiempo con él. No me costó nada aprender a amarle.

En esa primera etapa, que duró más o menos dos años, todo fluía y era armónico con padre e hijo, y yo me sentía muy dichosa de compartir mi vida con los dos.

Recuerdo quedarme dormida en el sofá mientras el padre veía la tele y el hijo jugaba en el salón. Me dormía sintiendo una profunda gratitud y amor hacia ambos.

Era como un sueño de cuidados y amor. Yo cocinaba fatal y Ricardo me hacía la comida, cuidaba de mí en todos los planos y, por si fuera poco, me llevaba a hacer excursiones a la naturaleza. Yo, que me había criado en Asturias, llevaba tanto tiempo desconectada de la naturaleza, viviendo en Madrid rodeada de asfalto, que se me había olvidado la maravillosa sensación que se desprende del contacto con la tierra, la belleza de sentir la brisa de la montaña en mi cara y la sensación de caminar entre los arboles siguiendo el sendero de un arroyo.

Qué belleza, amor, cariño y afecto me reflejaba el espejito de mi vida, me sentía plena y así fue durante casi dos años.

En esa época, comencé a estudiar *coaching* y PNL, pero lo más importante es que comencé a crear mis propios contenidos y a desarrollar el método «AMOR ESENCIAL», para las relaciones de pareja, que utilizo en mis talleres y que es la base de mi trabajo y de este libro.

Ricardo me animaba, él también estaba siguiendo su propia búsqueda, aunque por supuesto diferente a la mía. La mía era tardía, había empezado a los 33 años, mientras que en su caso la suya venía desde la adolescencia. Sin embargo, yo seguía ávida con mi búsqueda y mi proceso, y él en cambio ya había abandonado la suya y simplemente se centraba en ser un buen padre.

Éramos dos grandes espejos, además, él se parecía mucho a mi padre, olía como mi padre y tenía hábitos y comportamientos muy similares a él, era increíble. Posteriormente, con el desarrollo de mi trabajo, pude constatar que las mujeres muchas veces nos enamoramos de alguien parecido a nuestro padre y los hombres de alguien parecido a su madre.

Fue una época muy bonita en la que emprendimos proyectos en común y en la que ambos cuidamos el uno del otro.

Él, solo hacía trabajos que le motivaban y le gustaban, y yo en cambio venía de una tradición familiar en la que me habían enseñado que el dinero se gana con esfuerzo y lucha. Evidentemente, el dinero no se gana luchando a no ser que tú tengas esa creencia, de modo que por aquel entonces yo ganaba mucho dinero trabajando en una multinacional farmacéutica, lo cual no me gustaba en absoluto. De hecho, aborrecía mi trabajo, pero el sistema de creencias de que el mundo es amenazante y hay que trabajar duro para ganar dinero formaba parte de mí por aquel entonces.

Hacía tiempo que le daba vueltas a la idea de dejar mi trabajo, no obstante me aterrorizaba pensar qué iba a ser de mí y cómo iba a vivir, aún tenía mucho que aprender.

Además, llevaba toda mi vida desempeñando ese tipo de trabajos, más de 8 años de experiencia en multinacionales farmacéuticas. Sentía que no sabía hacer otra cosa.

Ricardo era el espejo perfecto para verme reflejada en una persona que solo trabajaba en las cosas que le gustaban, en aquello con lo que disfrutaba y que le sentaba estupendamente. Él no se sentía culpable por quedarse en casa viendo una peli un martes o por levantarse tarde un miércoles.

Ver su estilo de vida me dio fuerzas para abandonar el mío y provocar mi despido, me dio fuerzas para elegir el tipo de vida que quería vivir. También me ayudó a creer en mí, y cuando comencé a diseñar contenidos para las relaciones de pareja, él me animaba y me apoyaba. No pensaba que eso eran cosas raras sin sentido, como me hacían ver otros muchos que hacían de espejo de mis miedos. Tampoco pensaba que quién era yo, «la experta en relaciones caóticas y disfuncionales», para dar consejos sobre la pareja, como decían algunas de mis amigas.

En Un Curso de Milagros aprendí que enseñas lo que necesitas aprender, y eso precisamente es lo que, de forma intuitiva, estaba comenzando a hacer.

Mis primeros talleres funcionaron a las mil maravillas y mis contenidos permitieron florecer a las personas que tomaban contacto con ellos.

Yo también le hacía de espejo a Ricardo en aspectos que él tenía que aprender. Él buscaba obstinadamente una madre suplente para su hijo, y aunque los primeros meses jugué ese papel, enseguida me negué en redondo a hacerlo.

Yo no estaba dispuesta a asumir responsabilidades con ese niño: ir a buscarlo al cole o quedarme cuidándolo, por dos razones: la primera porque yo vivía en Madrid, a 50 km de ellos, y no era práctico. La segunda, porque sentía que él estaba tratando de compartir conmigo sus responsabilidades como padre y ese no era mi juego.

Comenzaron los problemas porque ya no era solo él, sino también su madre, quienes estaban intentando cambiarme y convertirme en ayudante para compartir las responsabilidades y cuidado del niño.

Yo sentía en mi corazón que ese no era mi rol, yo era solo una amiga, no una madre suplente.

Asumía que yo siempre estaba en un segundo plano. Tal y como muestra el trabajo de Bert Hellinger en el orden de las constelaciones familiares, las segundas parejas siempre estamos en un plano secundario respecto a los hijos de una primera relación, eso era lo sano.

Por otra parte, ese niño tenía una madre y me lo dejaba muy claro.

Yo me mantenía en un segundo plano y aceptaba todas las circunstancias derivadas del niño, como por ejemplo que se venía con nosotros de vacaciones o interfería en nuestra intimidad.

Lo aceptaba de buen grado, pero no quería pasar a ser sujeto activo en las tareas derivadas de su cuidado, me negué rotundamente.

Eso sí, cuando coincidía con el niño trataba de transmitirle todo mi amor, siempre traté de preservarlo de nuestras discusiones, que él solo percibiera armonía entre su padre y yo, e incluso transigía en que su madre estuviera presente a veces, incluso en una ocasión la invité personalmente a una excursión con unos amigos. Por otra parte, ella pasaba las navidades en casa de mi suegra creando una situación rocambolesca para mí que me hizo tener que trabajarme la tolerancia y la aceptación.

La situación superó mis límites en muchas ocasiones.

Creo que ambos crecimos muchísimo con esa relación, pasaron dos años y medio y, de pronto, la relación comenzó a hacer aguas.

Pasaron muchas cosas y yo comencé a plantearme la ruptura, aunque me daba mucha pena ya que amaba profundamente tanto al padre como al hijo... y aún los amo. Ya no estamos juntos pero mi amor por ellos perdura.

Ricardo y yo comenzamos a dejar de entendernos. Por aquel entonces, yo ya daba conferencias sobre las relaciones de pareja y recibía testimonios todos los días de personas a las que mis sesiones, talleres y vídeos les estaban ayudando. Me sentía muy plena en mi trabajo y una parte de mí tenía miedo a que una ruptura en mi propia relación me restase credibilidad, aunque eso era lo de menos, lo que más me pesaba era que me resistía a separarme de Ricardo y del niño, pero era obvio que no me quedaba más remedio que hacerlo porque ya no estábamos disfrutando juntos.

De pronto, un día se montó un lío por unas circunstancias que escapaban a mi control y que nos enfrentó totalmente. Fue tal la magnitud de nuestro enfrentamiento que lo dejamos de raíz. Al día siguiente era mi cumpleaños, cumplía 35 años y me lo pasé llorando en casa, sintiendo el dolor de una ruptura, sintiendo todo mi apego. Fue muy duro para mí.

Nueve días después, «causalmente» tenía programada una conferencia titulada «Cómo superar una ruptura de pareja». Lo cierto es que después de esos días de duelo, ya estaba bastante reestablecida, porque estoy bastante presente y ya no sufro como sufría antes. Al igual que el apego ya no es como antes, digamos que, del mismo modo, voy aprendiendo a amar realmente, aprendiendo a ser feliz, y ya iba procesando la ruptura, aunque todavía sentía dolor.

De modo que fui a dar la conferencia, y a contarles a aquellas personas que asistieron, lo mismo que interiormente me estaba contando a mí misma para dejar de sentir dolor.

Allí, «casualmente», había un equipo de Mindalia TV (aunque ya sabemos que nada es casual) al que yo no había llamado.

Definitivamente, la presencia de Mindalia televisión funcionó ya que a día de hoy aún me escriben personas de todo el mundo para darme las gracias por esa conferencia, personas que han superado el dolor de una ruptura, incluso un dolor enquistado durante años, gracias a ese vídeo.

Todos los días recibo algún testimonio de gratitud, pero a la primera que estaba sanando era a mí misma.

Con el tiempo, comprendí que mi alma había creado esa experiencia para poder comunicarla y ayudar a otros en la transición desde la resistencia a la aceptación. Sentí mucha gratitud en mi corazón hacia mi alma. Un alma sabia que le regalaba al mundo sus aprendizajes, que compartía con él las claves para transmutar el miedo en amor y para convertir el sufrimiento en aceptación.

Todos somos semillas de Dios que, gracias a los episodios de nuestras vidas, nos convertimos en árboles frondosos hechos de amor.

Me lleno de amor y gratitud en mi corazón cuando pienso que mi dolor ha servido para que otros dejen de sentirlo.

Cuando miras tu vida retrospectivamente desde la consciencia, comprendes que todas y cada una de las experiencias vividas tenían un sentido y te estaban llevando a la sanación.

Cuando miro hacia atrás, comprendo que para compartir amor has de aprender a amar desde la aceptación plena de cada una de las experiencias que la vida te brinda, aceptando su perfección.

«Las personas más bellas con las que me he encontrado son aquellas que han conocido la derrota, conocido el sufrimiento, conocido la lucha, conocido la pérdida, y han encontrado su forma de salir de las profundidades. Estas personas tienen una apreciación, una sensibilidad y una comprensión de la vida que los llena de compasión, humildad y una profunda inquietud amorosa. La gente bella no surge de la nada».

ELIZABETH KÜBLER-ROSS

32
El apego

PENSANDO EN UNA SITUACIÓN real que sirviera de ejemplo de lo que estoy describiendo, precisamente hoy la vida me presentó una situación real. Los seres humanos nos empeñamos en depositar nuestra felicidad fuera, igual que nos empeñamos en que alguien nos haga felices y venga a salvarnos.

Nos aferramos a la persona que tenemos a nuestro lado como garrapatas y nos negamos a soltarla. Aun cuando con esa persona no tenemos comunicación ni nada en común, continuamos apegados a ella por miedo a enfrentarnos a la soledad, a quedarnos solos.

Nos resistimos a soltar, a dejar ir, a evolucionar y a aprender a estar solos.

Nos resistimos a ver la gran oportunidad que la vida nos pone delante con esa ruptura, nos resistimos a evolucionar y expandirnos hacia una mejor versión de nosotros mismos, y nos quedamos encallados en el apego.

Aunque sea triste, muchas personas prefieren estar con alguien a quien ya no aman, que se ha convertido en un extraño, pero que, por algún motivo, su presencia les hace sentir bien, a estar solos. Ya no hablamos, ya no hacemos el amor, apenas hay nada entre nosotros, pero su presencia nos da seguridad, sentimos que no estamos solos y nos resguardamos de la soledad, que nos aterra.

Somos capaces de hacer lo que sea necesario para no enfrentarnos a ese miedo a la soledad.

¿Y si ya no somos espejos?

¿Y si ya no estamos creciendo juntos?

¿Y si nuestras almas necesitan nuevas experiencias para su evolución?

Cuando lo dejé con Ricardo, ya no estábamos creciendo juntos ni nos estábamos reflejando nada, supongo que porque los dos habíamos integrado el aprendizaje del que nos proveía la relación. Él había aprendido un montón de cosas de mí y yo había dejado mi trabajo y me había convertido en una referencia en relaciones de pareja gracias a las experiencias vitales que habíamos transitado juntos. Era el momento de decir adiós, estábamos estancados.

Hay una prueba muy sencilla para saber si una relación está funcionando: cuando sumas uno más uno la relación desafía las leyes de la aritmética, la energía se expande, se multiplica y uno más uno se convierte en cien. Eso quiere decir que ambos miembros se están nutriendo y están creciendo. Llega un momento en que uno más uno no suma ni cero con cinco, ni cero con dos, la relación nos está mermando, nos está destruyendo, pero aun así la mantenemos por apego.

En estos casos suele aparecer una tercera persona a la que culpamos de la ruptura, pero en realidad es una ayuda del universo para que podamos superar nuestro apego.

Pero nosotros, muchas veces, no oímos esas llamadas, y con tal de no dejarlo, hacemos lo que sea, nos resistimos y elegimos sufrir.

Hoy, mientras escribía estas líneas, me ha llamado una chica. Es domingo y estaba dando un paseo por el campo con mis amigos de modo que no contesté el teléfono la primera vez, pero ella continuó insistiendo y llamó de nuevo, así que finalmente respondí.

Estaba llorando, y entre sollozo y sollozo, me preguntó por las sesiones y su precio. Se lo dije y me contestó que no tenía dinero para pagarme. Hizo ademán de contarme su historia, pero no la dejé hacerlo, estaba de paseo con mis amigos en un día festivo y sencillamente no era el momento para ponerme a escuchar los problemas de nadie.

Le dije educadamente que si quería me podía contactar por Skype esa misma noche, pero ella pretendía que le hiciese la sesión gratis así que, educadamente, me despedí.

Más tarde, cuando se fueron mis amigos, me quedé un poco preocupada dándole vueltas a que quizá la vida me había puesto en esa situación para ayudar y yo había sido muy rígida poniendo mis límites, de modo que la llamé.

Me contó que había atravesado una ruptura de pareja hacía siete meses, que su marido la había dejado por otra. No paraba de llorar. Le recomendé que mirase alguno de mis vídeos para superar una ruptura y me dijo que ya se los sabía de memoria.

Entonces, me contó que estaba en tratamiento psiquiátrico, pero que aun así no podía dejar de sentir dolor y que estaba buscando ayuda en médiums y tarotistas.

Continuó relatándome que una médium le había dicho que su marido tenía un amarre, es decir, magia negra, realizado por la otra chica, de modo que si quería recuperar a su marido tenía que deshacer el amarre pagándole a ella 300 euros. Me contó que ya llevaba cerca de 1.000 euros gastados en adivinas.

Sentí una profunda congoja, un ser pleno y divino buscando ayuda de esa forma, identificándose como alguien tan carente, tan incapaz de vivir, tan lejos de su verdadera fuerza y tan desconectado de su poder. Y pensé en cómo podía ayudarla a conectarse con el ser infinitamente poderoso que en realidad era, en lugar de andar cediendo su poder primero a su marido y luego a personas que se hacían pasar por médiums y pitonisas.

Le hice ver que un guía verdadero nunca daría un tipo de mensajes promotores del resentimiento, como que otra mujer ha utilizado la magia negra para quitarle a su marido. Que cuando utilizamos el tarot o la canalización desde el SER, estas son herramientas que promueven el amor, el empoderamiento y el perdón, nunca eso.

Ella no paraba de repetir: «Esa mujer me ha jodido la vida». Traté de hacerle ver el regalo que suponía la ruptura de una relación que hacía años que era una farsa y que se había convertido en un simple contrato de convivencia.

Traté de que entendiera que se le estaban manifestando estafadores dispuestos a aprovecharse de su dolor y cómo la única solución era que comenzase a mirar en su interior.

Lo que le estaba pasando era un espejo exterior de su propio autoengaño interior; de sus mentiras a sí misma contándose que era feliz en una relación que ya no la satisfacía y de sus autoengaños percibiéndose pequeña y carente. No tenía sentido querer recuperar a toda costa una relación que llevaba años muerta, así como era absurdo culpar a otra mujer de lo que había pasado cuando esa situación la había provocado su propio inconsciente para que ella superase su dependencia emocional.

Después de un rato, comenzó a escucharme y a comprender la necesidad de ser ella misma y de dejar de pretender que su marido volviera, lo cual no tenía sentido ya que su relación de pareja hacía muchos años que no existía.

Es como si algo le hubiera hecho clic y al menos hubiera comprendido que su marido no iba a volver con ella por mucho dinero que pagase para tratar de recuperarlo.

¿Cómo podemos pensar que es posible comprar la felicidad con dinero, que podemos cambiar el mundo de las formas con dinero, que podemos recuperar a nuestro hombre pagando por un conjuro mágico?

Qué absurdos somos.

¿Cuándo vamos a comprender que la clave está en amarnos y empoderarnos?

¿Cuándo vamos a comprender que el desapego es necesario para nuestra evolución?

¿Cuándo vamos a comprender que nadie puede venir a salvarnos, ni un marido ni una medium ni un *coach* ni un fármaco, ni nadie?

Ni siquiera Dios, porque Dios está en nuestro interior.

¿Cuándo vamos a comprender que solo nosotros tenemos la llave de nuestro poder, con el que podemos crear la vida con la que soñamos?

¿Cuándo vamos a recordar nuestra capacidad de manifestar belleza en nuestras vidas en lugar de seguir aferrados como una garrapata a un pasado de mierda?

¿Cuándo nos vamos a rendir a las situaciones y circunstancias de nuestra vida, eligiendo dejar de sufrir y vivir sin resistencias?

¿Cuándo vamos a comprender que todo es perfecto?

¿Cuándo vamos a alegrarnos porque nuestro marido nos deje, dándonos la oportunidad de crecer y convertirnos en una mejor versión de nosotros mismos?

No solo debía estar agradecida a su marido por dejarla, sino también a su nueva mujer por mostrarle su autoengaño y, especialmente, por mostrarle el camino de la auténtica felicidad.

33
La aceptación de una ruptura

E L CASO DE ADRIANA.
Adriana llegó a mi consulta hace unos meses con su chico, entre ellos apenas había comunicación y la convivencia era asfixiante. Él tenía una gran coraza y no me dejaba adentrarme en su mundo, me daba respuestas evasivas y estaba claro que no tenía muchas ganas de estar allí, solo venía como una concesión hacia su novia, pero no tenía ninguna intención de abrirse o de trabajarse.

Ella quería intentar cambiarlo, venía a la consulta intentando que él se comunicase, que fuese más atento, que tuviese más muestras de afecto con ella y que le hiciese caso.

Evidentemente yo no accedí a negociar cambios, Pedro es como es y nadie debe intentar cambiarlo. Si no quiere comunicarse o dar muestras de afecto, es su problema.

Él se sentía agobiado por los intentos de ella de cambiarlo y por sus frecuentes celos que no le dejaban relacionarse con sus amigas en libertad.

Acudieron a tres sesiones y abandonaron el proceso. No pude ayudarles a establecer un cambio significativo ya que no me dejaron hacerlo porque mis preguntas les dolían.

Tal y como suele ocurrir en estos casos, cuando hay tal resistencia a la ruptura, aparece un tercero en discordia que es el que facilita el proceso a ambos; de modo que Adriana comenzó a tontear con
un chico, nada serio, simplemente se tomaron unos cafés juntos.
Pedro se enteró ya que los vio juntos. La vida, en su infinita sabiduría, creó ese escenario para que él no se sintiese culpable por dejarla
y fuese capaz de llevar a cabo aquello que rondaba por su mente
desde hacía años. Finalmente la dejó.

Adriana se quedó desolada ya que el otro chico en realidad no le
gustaba, solo era una distracción para tener un poco de atención
masculina ya que Pedro no se la daba.

Entonces comenzó el drama, Adriana tenía toda su autoestima
puesta en su imagen, en encajar con el modelo estándar socialmente preestablecido y ser la viva imagen de la felicidad. Quería acercarse a los cánones impuestos de la pareja feliz, poner fotos ideales de
ella y Pedro juntos en el facebook y ese tipo de cosas.

Su madre y su padre venían de un pueblo donde la gente estaba
muy preocupada por las apariencias y en el que la imagen era la
prioridad número uno.

Adriana no aceptaba la ruptura, se encerró en casa y tardó meses
en decírselo a sus padres. Después de la ruptura, acudió otra vez a
mí buscando consuelo, quizá todavía con la esperanza de que yo le
enseñase técnicas para poder volver con él.

Evidentemente, yo no hago eso, yo enseño a la gente a aceptar
la ruptura y a empoderarse, a ver el regalo que esa ruptura supone
para que se enfrenten con sus miedos y crezcan.

Evidentemente, duele, igual que cuando estás creciendo te
duelen los huesos y el cuerpo. Duele porque socialmente se
identifica como un fracaso, porque nos han enseñado que la pareja es para toda la vida y al que no le dura toda la vida es un
fracasado.

Yo todavía me pregunto dónde hablaron Jesús, Buda o Lao Tse del «para toda la vida», pero la cuestión es que para Adriana era un drama, no porque él ya no estuviera con ella, porque si era honesta consigo misma estaba mucho más tranquila sin él, sino porque se tenía que enfrentar a todo el sistema de creencias de su mundo, de sus padres y de su pueblo. En su pueblo, muchas parejas no se aguantaban, pero preferían seguir juntos aparentando estar bien que enfrentarte a ser dados de lado por la sociedad solo porque se habían separado. Ese sistema de creencias se cebaba especialmente con las mujeres. Según ellos, una mujer que no ha sido capaz de retener a un hombre a su lado seguro que tiene una tara, no es normal, y abre la veda para que todo el pueblo la critique...

Adriana me confesaba entre sollozos que ella era la primera que criticaba a la gente que se divorciaba y que rompían su relación, tal y como había visto hacer a sus padres y abuelos. Y yo le respondía: «¿Pero no te das cuenta de que lo criticaban porque ellos reprimían su propia necesidad de separarse? Porque en el fondo lo estaban deseando inconscientemente pero no se lo permitían, de modo que todo aquel que se permitiese ser honesto y libre con sus sentimientos era un proscrito para el pueblo porque les estaba mostrando que todo su sacrificio por hacer durar una relación de pareja era un sinsentido».

El ego no consiente que la gente se enfrente a sus miedos y se libere, el ego lo juzga y lo critica porque sabe que amenaza su supervivencia.

Adriana se quedaba en casa, se negaba a quedar con sus amigos por miedo a que la juzgasen, a que la viesen como una fracasada, a tener que admitir que su relación era un fraude.

Pasado un tiempo, la vida le hizo llegar el mensaje de que su gente ya lo sabía, se habían enterado de su ruptura. Y eso le horrorizaba. Qué maestría tiene la vida para ponernos delante de las narices nuestros miedos y que podamos trascenderlos, para poder experimentar una vez más que el miedo no es real.

Había personas que la llamaban y que se ofrecían a escucharla y ayudarla, pero era tal la vergüenza que sentía que se negaba a aceptar su ayuda. La vergüenza es miedo.

Ella acudía a mí en su formato más auténtico, dulce y honesto, con su herida supurante confesándome todo su dolor. Qué bonito era escucharla, conmigo se permitía ser ella, ser auténtica, decir lo que pensaba y sentía.

Era ella en esencia, me llenaba de amor y de ternura, me abría el corazón, era una flor. Una flor inconsciente de su fragancia divina sufriendo por resistencias de su viejo ego mundano.

Entonces la mire a los ojos y le dije: «Adriana, ¿no te das cuenta de que la vida te está enseñando a amar? ¿No te das cuenta de que te está enseñando a amar de verdad, a superar el apego, que era lo que tenías con Pedro? ¿No te das cuenta de que amabas a Pedro porque él te proporcionaba la seguridad de que habías alcanzado el objetivo de casarte; porque él te proporcionaba la apariencia de mujer felizmente casada que encajaba en ese pueblo de tradiciones obsoletas?

¿No te das cuenta de la enorme oportunidad que te da la vida de sanar el transgeneracional de antepasados atados a relaciones insatisfactorias solo por miedo al qué dirán?

¿No te das cuenta de que tienes en tus manos el poder de ser la primera mujer libre de tu familia? Tienes en tus manos la increíble oportunidad de sanar a tu madre y a tus abuelas».

Ella recordó como sus abuelas la juzgaban cuando llegaba tarde o cuando se ponía una camiseta ajustada, como en una ocasión una de ellas le había dicho que era una guarra por una de esas tonterías.

Qué bonito, qué bella es la vida que le estaba dando la oportunidad de amar realmente, de aprender a amarse y empoderarse; todo lo que no habían podido hacer esas mujeres constreñidas y oprimidas por su egoico sistema de creencias. Qué belleza, Adriana tenía delante de sí la oportunidad de honrarlas y sanar todo su árbol familiar. Ella tenía la oportunidad de amar y era una pionera en su familia en el arte de aprender a amar. Pura belleza.

Pero ella pataleaba y se resistía al proceso.

El ego, cuando comienza a morirse, hace salir a flote todo el dolor que teníamos escondido, y de pronto sentimos de golpe el miedo, la soledad y la culpa, y nos retorcemos de dolor. En realidad siempre han estado ahí, que salgan es una buena señal porque quiere decir que el ego se está muriendo.

De modo que Adriana tenía ante sí una enorme oportunidad de crecimiento, de desmontar la máscara de esposa ideal y de comenzar a ser la flor que realmente era sin necesitar ningún marido para brillar. Pura belleza.

Por fin, sus padres se enteraron de la ruptura, les daba vergüenza que algo semejante ocurriese y se tenían que enfrentar a la deshonra pública que eso suponía en el pueblo. Aun así, aceptaron lo que había pasado y apoyaron a su hija sin apenas juzgarla. Qué belleza, dos seres aterrados por el que dirán, superando su miedo más arraigado y enfrentándose a él por amor a su hija, saliendo de casa con la cabeza bien alta a pesar de que a su hija la había abandonado un hombre. Sus padres estaban aprendiendo a amarse y a enfrentarse a sus miedos por amor a su hija. Por amor a ella se estaban convirtiendo en una mejor versión de sí mismos. Adriana les estaba regalando una enorme oportunidad de crecimiento, de amor y superación, y sus padres estaban transitando el camino en aras de su propio crecimiento personal.

Qué perfecta es la vida, ¡todo es perfecto!

Ella seguía sumida en su apego, hasta que un día algo dentro de ella se abrió y comenzó a sonreír, a ser consciente de que era libre y de que eso que ella percibía como un fracaso era una enorme victoria. Desde ese día, su vida nunca volvió a ser la misma.

34
La independencia emocional

EL APEGO SURGE de la dependencia, de proyectarnos en el otro y verlo como la solución a nuestras necesidades, de sentirnos carentes y sentir que el otro nos completa. El apego hace que nos aferremos y nos identifiquemos tanto con el otro que lo veamos como nuestro, como algo irremplazable, y que nos obsesionemos con que nuestro bienestar o felicidad está supeditado a que el otro esté a nuestro lado o nos quiera.

Es absurdo, pero es una estrategia de supervivencia del ego. El ego se empeña en hacernos creer que somos especiales solo porque él tiene la necesidad de ser especial; en caso contrario reconoceríamos nuestra unicidad y que en esencia todos somos lo mismo.

Reconocer que todos somos iguales, que todos somos uno y que todos somos Dios sería un desastre para el ego. Entenderlo destruye su programa, destroza su especialismo y nos devuelve a la consciencia. Por eso al ego le encantan las relaciones de pareja, en las que puede proyectarse y sentirse especial perpetuando sus miedos: miedo al rechazo, al abandono, a no merecerlo. Además, puede sentir culpa y todas esas cosas que le encantan. El ego depende, se identifica como alguien pequeño que necesita al otro, que necesita cosas externas y busca el amor fuera. Pero ya sabemos que fuera no vamos a encontrar nada, que es dentro donde debemos buscar. El ego necesita que nosotros seamos especiales y, por tanto, vuelve especial a nuestra pareja, al objeto de deseo, al que hacemos depositario de toda nuestra felicidad; y digo objeto de deseo porque eso no es amor, es AP-EGO = EGO. El apego es una de las artimañas de supervivencia del ego.

Por eso, dependemos de nuestra pareja, porque el ego nos cuenta historias de terror que nos hacen dependientes. Estos son algunos de sus argumentos que se manifiestan en nuestros pensamientos:

—No voy a encontrar a nadie mejor.
—No merezco nada mejor.
—Después de todo lo que hemos vivido juntos, qué perdida perder nuestro pasado en común.
—Mis hijos me van a odiar si lo hago.
—No puedo vivir sin él.
—Sin él mi vida no tiene sentido.
—Tengo que luchar y hacer lo que sea necesario para que no me abandone.
—Es mi culpa.
—Soy un desastre.
—No sé relacionarme en pareja.
—Algo falla conmigo.
—¿Qué voy a hacer ahora?
—¿Qué va a ser de mí? ¿Qué pasa con el dinero? ¿Y los fines de semana?
—¿Qué va a pensar la gente cuando se entere?

Miedo, miedo y más miedo.

Y toda esa retahíla de historias destructivas que nos cuenta el ego, que es el mejor guionista de *pelis* de terror que existe. De hecho, los de *Pesadilla en Elm Street* se quedaron cortos comparados con la capacidad de recreación y sublimación de pesadillas de horror, pérdida, culpa, miedo y desamor que crea el ego.

Permanecemos como zombis en relaciones de mierda durante años porque el ego nos cuenta su guion enfermo sobre cómo será la ruptura.

Pero, nuestro corazón siempre es la clave de la felicidad, los engaños del ego solo son guiones de mierda, que te paralizan pero que cuando te enfrentas a ellos, después de la resistencia y el dolor inicial descubres que no eran verdad.

Cuando te enfrentas al ego, descubres que el miedo no es real, al igual que el ego tampoco lo es. La única realidad es que tu esencia es divina y es amor, así como que eres un ser todopoderoso, simplemente lo habías olvidado.

Todas las personas que conozco que han pasado por una ruptura traumática, a día de hoy, dan las gracias por ella y reconocen que les ha impulsado a ser una mejor versión de sí mismos. Los que se quedan apegados y buscan poner un parche a su dolor, sustituyendo a una pareja por otra, solo consiguen repetir patrones y experimentar la misma experiencia destructiva con una intensidad amplificada.

35
El origen de la dependencia emocional

El origen de la dependencia emocional está en nuestra más tierna infancia. Vivimos en una sociedad enferma y nuestros padres también estaban aprendiendo a amar, y, aunque lo hicieron lo mejor que supieron y pudieron, ellos también presentaban serias disfuncionalidades. De hecho, más disfuncionalidades que nosotros porque cada generación que nace es más potente que sus antepasados y que las generaciones anteriores.

Nuestros padres fueron herederos de su época y de sus circunstancias, y nos educaron lo mejor que pudieron.

Por ejemplo, en España la generación de mis abuelos vivió una cruenta guerra civil y mis padres una dictadura con gran privación de libertades individuales.

En otros países, como EE.UU., hace 200 años existía la esclavitud y hace 500 años los españoles desembarcaron en América haciendo atrocidades con sus habitantes originarios.

¿Qué quiero decir con esto? Que aunque nos creemos muy modernos, avanzados e innovadores, en realidad somos seres muy rudimentarios, de hecho creo que somos una de las especies menos evolucionadas que existe en el universo.

El punto de partida de nuestros antepasados viene de épocas oscuras de miedo y desamor en las que la humanidad tocó fondo.

Ellos vienen del reinado del ego, de la era de Piscis, en la que la humanidad experimentó la dualidad en su máxima expresión.

La era de piscis duró unos 12.500 años, comenzó antes de Cristo y terminó el 21 de diciembre del año 2012, año en el que, tal y como pronosticaban las profecías Mayas, se acababa el mundo. Se acababa el mundo tal y como lo habíamos conocido hasta ese momento, se terminaba el mundo dirigido por el ego y en el que el miedo reinaba a sus anchas, y entrábamos en la primavera galáctica o era de Acuario.

La era de Acuario se caracteriza por estar regida por un cambio hacia el amor, por ser una era en la que experimentaremos nuestra unicidad y por la superación de esa dualidad ego-ser hacia un ser humano más integrado, amoroso, pleno y auténtico, más real.

Nuestros padres hicieron lo que pudieron, aunque eran herederos de esa época oscura y de miedo.

Nos amaron a su modo, con sus carencias, y seguro que aprendieron a amar gracias a nosotros porque experimentaban muchas dificultades para amarse a sí mismos... definitivamente hicieron lo que pudieron.

Nos amaron de forma condicionada, sus miedos se filtraron en su amor y nos hicieron creer que teníamos que hacer cosas, conseguir cosas para que nos quisieran.

Pusieron la semilla del amor condicionado, el amor que se basa en el «te quiero si te portas bien» o «si traes buenas notas a casa» o «si estás calladito» o «si comes bien». Nos hicieron creer que nos teníamos que ganar el amor, que teníamos que hacer lo que se esperaba de nosotros para que nos quisieran, eso fue demoledor para nuestro mundo emocional a esas edades tan tempranas.

La curiosa paradoja es que no tenemos que hacer nada para que nos quieran porque ya somos amor, ya somos dignos merecedores y herederos del amor. Somos amor y nos merecemos todo el amor en sintonía con nuestra esencia. Pero crecimos creyéndonos carentes, creyendo que el amor había que ganárselo, había que lucharlo, hacer determinadas cosas, tener logros y hacer sacrificios para ser merecedores de él.

De nuevo asistimos a las leyes básicas del funcionamiento del universo.

«Lo semejante atrae lo semejante», principio de correspondencia del kybalion, «como es dentro es fuera». Es decir, si creo que tengo que luchar por el amor y me identifico con un ser carente, lo convierto en real. Si creo que soy un patito feo, aunque en realidad todos somos cisnes, el mundo me devuelve un reflejo en el que, efectivamente, soy un patito feo.

«No atraemos lo que queremos sino lo que somos». W. Dyer

Ese es nuestro poder, somos seres muy poderosos, pero tenemos libre albedrío para crear lo que queramos desde el empoderamiento personal.

No tiene sentido pretender crear pidiéndole a Dios desde una vibración de escasez, o pidiéndole a algún chamán o brujo un conjuro mágico. Dios no interviene directamente, es una de las leyes de este mundo ilusorio, él solo puede actuar a través de ti con tu debido consentimiento previo.

Así que nuestros padres nos amaron de forma condicionada y carente, y en nuestra infancia muchas de nuestras necesidades no estuvieron cubiertas.

Podemos consultar la pirámide de Maslow para establecer una escala de necesidades básicas. En función de cómo hayan sido cubiertas estas necesidades en la infancia, buscaremos eso que nos faltó en nuestra pareja al convertirnos en adultos.

Si la necesidad de seguridad no ha sido cubierta en nuestra infancia, buscaremos a alguien con dinero, inconscientemente nos parecerá súper atractivo y nos enamoraremos de esa persona.

Esto es muy criticado socialmente, sin embargo nadie critica el que tengamos relaciones basadas en la dependencia emocional, en la búsqueda de afecto y reconocimiento que no recibimos en la infancia. Generalmente, la búsqueda afectiva está más vinculada a carencias relativas a la madre y la búsqueda de reconocimiento está más vinculada al padre.

Si cuando eras niño, tu padre no te reconocía y te desaprobaba, buscarás una y otra vez mujeres que te aprueben y te reconozcan. Por eso, será importante para ti tener títulos y logros externos que puedan demostrar tu valía.

Todos hemos caído en esos juegos, y caemos una y otra vez. Lo cierto es que de ese modo solo conseguimos poner un parche temporal a nuestro dolor, solo conseguimos paliar nuestra carencia durante un breve periodo de tiempo, pero ese dolor va a volver a emerger y nos vamos a sentir decepcionados y defraudados porque nuestra pareja no nos hace felices. Este planteamiento no tiene sentido porque en ningún caso nuestra pareja tiene la potestad de hacernos felices o suplir nuestras carencias.

Como lo semejante atrae a lo semejante y somos energía y frecuencia vibratoria, atraeremos a nuestras vidas a alguien en sintonía con nosotros.

Si estamos vibrando en la carencia y en la necesidad, pensando que necesitamos a alguien para ser felices, efectivamente manifestaremos una relación en el plano físico con alguien que presente características similares, quizás en otro formato y versión, pero con la misma frecuencia de carencia. Una vez más, espejitos. El esperar que esa persona cubra nuestra necesidad de afecto, seguridad y reconocimiento solo genera contratos y relaciones basadas en el miedo, antiempoderantes.

Así que nos ponemos a construir la casa por el tejado o a peinar el espejo.

El único que puede responsabilizarse de la cobertura de mis necesidades soy yo mismo. Nadie puede responsabilizarse de cubrir mi necesidad de afecto, reconocimiento, etc. Y mientras lo esté buscando fuera solo voy a experimentar desamor, una y otra vez.

La única opción viable es que me responsabilice de mi vida y me ocupe de mis necesidades, comenzando por dejar de reprimirlas buscando constantemente la aprobación externa.

Desde que somos niños, aprendemos a reprimir nuestras necesidades en busca de aprobación. Estábamos más pendientes de lo que necesitaban los demás para poder ganarnos su cariño que de ocuparnos de nosotros mismos.

Una parte muy importante del crecimiento personal y la construcción de la autoestima es aprender a reconocer nuestras necesidades, nuestras apetencias, todas y cada una de ellas, a sentirlas, darles espacio y escucharlas, tratando de satisfacerlas.

Es importante saber que no hay nada que lograr. Debemos repetirnos a nosotros mismos que no hay que lograr nada ni conseguir ningún resultado para que se nos quiera. No tenemos que demostrar nuestra valía, porque esta es intrínseca a nuestra condición humana solo por el hecho de ser.

Somos una expresión de la divinidad y somos dignos de todo el amor solo por ser.

No podemos hacerlo al revés: tengo reconocimiento y por eso valgo. NOOOOO, es al contrario: ser, luego tener; soy valioso; me lo creo y entonces el mundo me reconocerá.

Este es un matiz muy importante.

La única opción es aprender a amarte, y volvemos al punto de partida: somos naranjas completas.

Las personas con mayor dependencia emocional que he conocido son aquellas que han vivido un abandono en la infancia. Conozco casos de personas cuyos padres no tuvieron más remedio que dejarlos en casa de unos tíos para ir a trabajar o que el divorcio de sus padres, al ser de diferentes países, supuso que nunca volvieran a ver a uno de los progenitores.

Otras personas han crecido en internados, son hijos de madres solteras que necesitaban trabajar y no se podían ocupar directamente de ellos.

Estos niños se sintieron abandonados y desprotegidos, en muchos casos vivieron esta experiencia creyendo que sus padres habían dejado de quererles porque habían hecho algo malo.

Crecieron con una profunda sensación de inadecuación, de no merecer lo que les estaba pasando y con pánico al abandono. Ninguna de las necesidades de afecto, seguridad o reconocimiento fueron cubiertas a su debido tiempo.

La soledad que experimentaron en la infancia les hizo sufrir mucho, lo que en su vida adulta les conduce a tener pánico a la soledad y a hacer lo que sea (y es algo literal) con tal de no estar solos. Son expertos en el arte de la seducción, han desarrollado ese arte como una estrategia de supervivencia, así como múltiples estrategias de manipulación para asegurarse la permanencia de su pareja a su lado.

Estos adultos están muertos de miedo, viven en el miedo, aunque sea de una forma inconsciente. Es tal el pavor que sienten al abandono, que conscientemente lo bloquean y se cuentan a sí mismos que aman, les encanta el romanticismo, las velas, los detalles, etc. Posteriormente se encargan de boicotear todas sus relaciones con sus celos, exigencias y afán de control. Son niños profundamente heridos a los que la vida les provee una y otra vez de oportunidades de sanación al experimentar de nuevo ese abandono.

Sus parejas acaban abandonándolos para que puedan constatar que ese miedo que sentían a la soledad no era real, para que puedan experimentar esa soledad y lleguen a alcanzar la paz, lo cual les permite crecer, empoderarse y abandonar todos sus celos y estrategias de control y manipulación.

Esa ruptura les proveería de una extraordinaria oportunidad de crecimiento si fueran capaces de aceptarla sin resistencias y fueran capaces de entender cuán necesaria es para su evolución. Pero en muchas ocasiones lo que hacen es salir corriendo a buscar un reemplazo a su relación previa con el que poder compartir el espacio físico, inconscientes de que su miedo les impide compartir de una forma real y abrir su corazón.

En estas personas he visto mucho rencor hacia sus progenitores, mucho dolor debajo de sus múltiples capas de cebolla, mucha apariencia de seguridad y mucha frialdad para no sentir todo el dolor que guardan a un nivel profundo.

En muchas ocasiones, los seres humanos nos desconectamos de nuestras emociones para no experimentar dolor. Bloqueamos nuestro corazón y estamos en modo puramente cerebral o modo robot. Son muchos los casos de gente que he visto romperse en mi consulta y llorar dolorosamente expresando todo lo que llevaban acumulado en su interior. Expresar ese dolor es necesario y es maravilloso porque es el primer paso para dejar de sentirlo.

Abrir la caja de pandora del dolor es un primer paso necesario para poder hacer la transición hacia la sanación.

Cuando estamos bloqueados en modo robot, nos encontramos bajo el dominio del ego y no nos permitimos ser quienes somos realmente. Cuando asumes que dentro de ti hay un niño profundamente herido y que siente muchísimo dolor, es cuando comienzas a experimentarlo para, posteriormente, poder superarlo.

Estos adultos dependientes llenos de rencor hacia sus padres encuentran su liberación en el perdón. Cuando comprenden que sus padres fueron inocentes e hicieron lo que pudieron, les perdonan y se liberan de todo ese dolor. Perdonándoles están aprendiendo a amar, se están perdonando a sí mismos.

Ya sabéis que, como la vida es un espejo, en última instancia, siempre estamos frente a nosotros mismos, de modo que si perdonamos a otros, en realidad estamos perdonándonos a nosotros mismos y nos sanamos.

El perdón nos libera de todo ese dolor emocional acumulado en nuestro interior, nos permite reconectarnos con nuestro corazón. Por el contrario, si no perdonamos, a la vida no le queda más remedio que proveernos de nuevas oportunidades de sanación a través de nuestras futuras parejas con las que viviremos situaciones similares a las que vivimos con nuestros padres, para que de ese modo podamos aprender a amar y perdonar.

La vida siempre nos está enseñando a amar.

36
Mi descubrimiento

Hacía meses que lo había dejado con Ricardo y en ocasiones me acordaba de él.

Como el cerebro es selectivo, me acordaba de ese extraordinario primer año y se me olvidaba todo aquello que había causado nuestra ruptura. Trataba de estar presente y lo cierto es que lo conseguía.

Le recordaba con cariño y poco a poco volvía a mi paz, no me planteaba volver con él, solo eran ensoñaciones románticas.

Siempre me había preguntado por qué se me había manifestado esa realidad. ¿Por qué un niño en medio de mi relación?

Sé que nada es casual y que todo tiene un porqué y un para qué. Una relación con un niño de 5 años de por medio hijo de una relación previa digamos que no facilita las cosas para el entendimiento de una pareja.

Y aunque el niño era, y es, maravilloso, su padre nunca supo encontrar un equilibrio entre las necesidades del niño y las mías.

Yo me preguntaba cuál era el aprendizaje para mí, seguía dándole vueltas y pensaba que quizá la vida me había puesto un niño cerca para despertarme el instinto maternal o para que pudiese experimentar lo maravillosos que son los niños, algo de lo que hasta ese momento no había sido consciente.

Un día, me empezó a atraer otro chico y los acontecimientos se precipitaron, tonteamos y sentí cierta reciprocidad. Llevábamos unas dos semanas con ese juego y, un día, que habíamos quedado para ir a la presentación de un libro, de pronto apareció con su hija. Él también estaba separado y tenía una niña de la misma edad que el hijo de Ricardo. Todavía no había pasado nada entre nosotros, pero los vi jugando y no pude evitar ver reflejados a Ricardo y a su hijo. En ese momento, me quedé de piedra, ahí estaba la vida repitiéndome la experiencia, pero, en este caso, no era un niño sino una niña.

Esto me hizo pensar y preguntarme cosas. ¿Por qué la vida me ponía otra vez en esa situación? Si yo no tengo hijos ni me he divorciado. ¿Por qué esto? ¿Qué tengo que aprender?

Ese día me enfadé con la vida, a veces mi ego se enfada con el universo porque no entiende determinados escenarios de experiencia. Al día siguiente llamé a Ricardo; «si hay algo pendiente en este aprendizaje prefiero verlo con Ricardo», me dije a mí misma.

Así que lo llamé. Hay fuego entre nosotros así que bastaba una llamada para reavivar la llama de nuestra pasión.

El reencuentro fue dulce y hermoso.

Apenas hacía dos semanas que nos habíamos reencontrado cuando fui a Elche a dar una conferencia. Allí me esperaba Bernard, un chaval encantador y consciente que colaboraba con ONGS y estaba organizando un evento solidario en el que me pidió que participase gratuitamente. Yo accedí a dar una conferencia.

Bernard acababa de ser sacudido por la vida con la muerte de su padre y estaba en una fase reflexiva y siguiendo un camino muy bonito de crecimiento personal. Era experto en artes marciales, pero no solo cultivaba la parte física de este arte, sino también su parte trascendental. Su novia también era una chica de una humanidad y profundidad admirables. Estuve cenando con ellos y conversando.

Últimamente, mis conversaciones son profundas y versan en torno a la comprensión del ser humano, me aburren las conversaciones banales, prefiero estar en silencio. Afortunadamente, la vida me proveía constantemente de personas con las que bucear conjuntamente en la dimensión humana, cada uno desde su entendimiento y sus experiencias vitales, cada uno desde su prisma, pero todos conectados en la dimensión esencial y aprendiendo juntos.

Me preguntaron por mis problemas, por las cosas que me preocupaban, y les comenté que aunque había entrado bastante en la aceptación y en el fluir, seguía habiendo en mí cierta resistencia y cosas no sanadas. Vamos, que mi ego seguía dando guerra, vivito y coleando, en ciertas áreas de mi vida. Les hablé de la relación con mi hermano, cómo esta había sido un motivo de dolor en mi vida y de que *incomprensiblemente* se me manifestaba un niño de una relación anterior en mis relaciones de pareja y no comprendía por qué, qué tenía que ver o aprender. Esas eran mis áreas de resistencia, en las que no me sentía conforme ni entendía qué estaba pasando.

De pronto, mientras les contaba esto, algo hizo clic en mi interior, algo muy importante y muy profundo se movió dentro de mí.

Bernard dice que me brillaron los ojos con intensidad, como si dentro de mí hubiera habido un cambio profundo.

Creo que recordé una de las reglas de este juego ilusorio y fue sanador, infinitamente sanador.

Hacía tiempo que sabía que nos enamorábamos de personas equivalentes a nuestros padres para de ese modo poder trascender los asuntos del pasado que teníamos pendientes con ellos.

Hacía tiempo que sabía que la vida nos daba oportunidades de sanar nuestro pasado repitiéndonos situaciones para que pudiéramos transitarlas de nuevo, pero en esta ocasión no desde el miedo sino desde el amor.

Hacía tiempo que sabía que la vida siempre nos ponía delante lo que necesitábamos para la expansión y evolución de nuestra alma.

Hacía tiempo que sabía que la vida nos llevaba a ver nuestro ego reflejado en las relaciones de pareja y que el perdón era la llave de la sanación.

Hacía tiempo que sabía que todo es perfecto y que todo tiene un porqué y un para qué... pero nunca había relacionado a los hermanos con los hijos de anteriores parejas.

Mi cabeza daba vueltas y mi corazón palpitaba de júbilo, ahora entendía qué estaba pasando: sentía una profunda gratitud dentro de mí hacia el hijo de Ricardo por darme la oportunidad de sanar la maltrecha relación con mi hermano.

Había constatado que Ricardo representaba a mi padre, se parecían mucho en el carácter fuerte y explosivo, uno era médico cirujano y el otro acupuntor, y ambos eran igual de intolerantes defendiendo su medicina, seguros de tener la receta de la sanación. Ambos eran grandes amantes de la naturaleza y los dos tenían esa dichosa manía de intentar cambiar a los demás; ambos generosos, nobles y auténticos a la vez que gritones y malhumorados ante el menor contratiempo, ambos mandones y con un corazón enorme. Y podría seguir desgranando una larga lista de similitudes entre mi padre y mi novio.

Así que tenía todo el sentido del mundo: el niño de Ricardo estaba simbolizando a mi hermano y la vida me estaba regalando una oportunidad de amar incondicionalmente, de aprender a amar, de ponerme en un segundo plano y anteponer las necesidades de un niño a las mías propias.

Nunca había entendido por qué mi hermano me tenía manía, ese rechazo primigenio que siempre sintió hacia mí, porque siempre se había relacionado conmigo desde esa posición. Había sido un capítulo en mi vida especialmente duro para mí, y ahora, de pronto, lo comprendía, podía juntar las piezas.

Seguro que cuando los dos éramos muy pequeños: cuando él era un bebé y yo era un poco mayor, le había eclipsado acaparando la atención de mi padre, y seguro que lo había relegado a un segundo plano durante nuestra infancia haciendo las cosas que hacen las niñas con los padres y ante las que los niños no tienen nada que hacer.

En ocasiones, como he mencionado anteriormente en este libro, las niñas seducen a sus padres y buscan a su padre en sus parejas así como los niños se enamoran de sus madres y la continúan buscando en la edad adulta.

Probablemente, cuando yo tenía tres años me incomodó la aparición en escena de otro niño, mi hermano, así que me debí pasar un par de años rivalizando con él por la atención de mi padre. Yo no lo recuerdo, por supuesto, y siempre me sentí completamente inocente frente a los ataques de mi hermano. Pero, de pronto, la presencia de ese niño en mi vida comenzaba a tener sentido para mí, era una enorme oportunidad de sanación, de dejar de rivalizar, de competir, relegarme a un segundo plano por amor y no tener miedo a que no me quisieran si no conseguía ser la primera.

Qué bonitooooo, sentía tanta gratitud hacia el hijo de Ricardo, me estaba enseñando a amar, me estaba ayudando a sanar una historia enquistada desde hacía treinta años, su alma me estaba proveyendo de una enorme oportunidad de sanación.

Después de ese fin de semana en Elche, volví a Madrid con la intención de ponerme, no ya en un segundo plano, algo que ya había intentado desde el primer día de nuestra relación, sino en un sexto plano si era necesario, tenía el corazón desbordante de amor hacia ese niño.

Pasaron dos semanas y su padre y yo volvimos a protagonizar desencuentros, eran los mismos de siempre y la confirmación definitiva de que esa relación no daba más de sí.

Lo dejamos definitivamente, sentía un gran dolor en mi corazón y pasé por su casa a recoger las cosas que llevaban meses allí y me había resistido a ir a buscar. Ricardo estaba malhumorado mientras yo recogía mi bicicleta. El niño, en cuanto me vio, saltó a mi cuello y nos fundimos en un tierno abrazo.

Aunque percibió la tensión entre su padre y yo, me despidió soplando un precioso beso con su manita y una enorme sonrisa.

Para mí era la señal clara de que podía poner punto final a esa historia, había visto el aprendizaje, mi corazón estaba libre de rivalidad y competitividad por la atención de su padre. Esa experiencia estaba trascendida y no se volvería a manifestar. Su beso era la confirmación de que todo estaba bien.

Finalmente, no me quedaba más remedio que aceptar esa ruptura y trascenderla.

En esta ocasión, me llevaba conmigo una información muy valiosa acerca de los órdenes del amor.

Después de la ruptura, me salió una boquera, un herpes labial que, según la bioneuroemoción, simboliza un conflicto de separación o un conflicto con el sexo opuesto, ¡así que ambos! La boquera me recordaba que todavía no estaba sana al 100% y que aún existe dentro de mí el apego. La boquera me avisaba de las resistencias presentes que me impedían ser plenamente feliz.

Son pequeñas resistencias inconscientes que me merman y me recuerdan que no estoy amando totalmente, diciendo un pleno «sí a la vida». Hay que entonar un sincero «sí a la vida», desde la aceptación y la confianza, y debo sentirme plena y bendecida por esa ruptura ya que todo está bien y todo es perfecto, tal y como debe ser.

Pero me había ilusionado tanto, me había sentido tan feliz con el reencuentro… Él afirmaba haberme echado de menos y haber cambiado, ambos estábamos en una nube y además yo había descubierto la enorme oportunidad de sanación que representaba su hijo en mi vida.

Todas las piezas encajaban para darme un final *hollywodiense*. Y ahí estaba Matrix de nuevo *dando por culo*, presentándome de nuevo la ruptura, esa ruptura que era necesaria y que nos bendecía a ambos. Esa ruptura que tanto dolía por el apego, pero con la cual crecíamos como personas.

Esa ruptura nos estaba mostrando que ya no éramos espejitos el uno del otro y que el aprendizaje de nuestra unión ya estaba integrado; yo era más libre, él más maduro. Yo había aprendido muchísimas cosas de él, pero llevábamos meses estancados, él ya no era mi maestro ni yo tampoco la suya. La vida tenía otros planes para nosotros, unos que asegurasen nuestra evolución y la expansión de nuestra alma.

El final *hollywodiense* solo hubiera servido para alimentar el ego y perpetuar su continuidad, sin embargo la vida me ofrecía una enorme oportunidad en el horizonte: un nuevo espejito con el que crecer, pero ese espejito todavía no había aparecido y el ego dice: «Más vale pájaro en mano que ciento volando». El ego se aferra y patalea, tiene miedo y te recuerda que te vas a quedar sola y que no vas a encontrar nada mejor.

Pero yo elijo soltar y decirle no a mi ego, elijo transitar ese dolor derivado del apego hasta conseguir la paz.

Yo, en el fondo, sabía que esa ruptura era un regalo y solo debía terminar de integrar las pequeñas resistencias aún presentes en mí. Tenemos una tendencia a recordar el pasado con melancolía, recordando solo lo bueno e incluso amplificando los recuerdos positivos; eso es algo que hace el ego continuamente. El ego se instala en un lugar de nuestra mente diciéndonos que tenemos que salir a la caza de nuestra felicidad, que tenemos que recuperar a nuestra pareja. El ego se instala allí y eso nos hace sentir de nuevo limitados, carentes, dependientes, pequeños y, en definitiva, egoicos, porque nos aleja de nuestra divinidad. Nuestra divinidad no necesita absolutamente nada de eso.

Mi parte divina estaba gritando un *sí a la vida* bien fuerte, abierta y receptiva a la siguiente aventura, consciente del regalo que me estaba haciendo la vida, consciente de que todo es perfecto y de que el universo no borra nada de nuestra vida si no es para escribir algo mejor.

La boquera solo era como el piloto automático que avisa de que el coche necesita un cambio de aceite. Me estaba diciendo: no estás abriendo tu corazón al cambio, no estás aceptando y agradeciendo plenamente.

¡Eso es!, tenía que estar agradecida, seguro que la vida tenía otras experiencias esperándome o un nuevo espejito en el horizonte con el que crecer en un sinfín de experiencias y aventuras. Había cambiado tanto desde que conocí a Ricardo. Me había convertido en otra persona, en una persona más plena, más consciente, y ahora era el momento de volar.

Pero soltar me dolía mucho, y no era por el *qué dirán* ya que hace tiempo que sé que no eres un fracasado por no tener pareja, que esa es una creencia de dinosaurios predominante en la sociedad enferma en la que nos movemos, pero sin influencia sobre mí.

Creo que era por reminiscencias del ego, culpa, pasado y apego. Eso seguía estando en mí. Ricardo y su hijo eran en cierto modo mi familia, ahora me quedaba, de nuevo, sola en Madrid.

Entonces sonreí, recordáis lo que pasó la última vez que me quedé sola en Madrid, ¿no?

Que pegué un salto cuántico, ahora soy mucho más sabia y consciente, si fui capaz de hacer todo eso hace 6 años, ¿qué tendría la vida previsto para mí en esta ocasión? Miles de oportunidades, regalos, experiencias y aprendizajes, más saltos cuánticos introspectivos.

Mi corazón se abría y comenzaba a sentir. Me abría al proceso, que no era un fracaso sino algo perfecto, y yo entonaba con ganas un enorme: *sí a la vida*. De nuevo me estaban entrando ganas de vivir, sentía mi corazón abrirse y florecer, y aceptaba que por amor los dejaba ir, los soltaba, y que sin mí iban a estar mejor porque ese era el aprendizaje que ellos necesitaban y yo no podía darles.

Por amor me soltaba a mí misma, porque sin ellos aparecerían nuevos descubrimientos que me permitirían convertirme en una versión expandida de mi ser.

Del mismo modo que lo había hecho en otras ocasiones, ahora tocaba un nuevo salto cuántico, yo había puesto mi vida al servicio del universo a principios del 2013 y desde entonces estaba ayudando a mucha gente. Moverme hacia nuevas experiencias, transitar mi dolor hacia la paz me permitía experimentar nuevos escenarios en los que aprender a amar para luego poder comunicárselo a otros.

Prefería verlo de ese modo, racionalmente tenía sentido, pero lo más importante era que mi corazón asentía y sabía que era lo correcto. Recuperé la sonrisa y la plenitud.

Soltaba confiando en el proceso, confiando en la vida y en la perfección de sus mecanismos de funcionamiento.

Decidía no resistirme más y aceptar finalmente que él y yo nunca volveríamos estar juntos, al menos en este plano, en esta vida.

Nuestras almas siempre se amarían en otras dimensiones y siempre serían almas gemelas, pero nuestra unión aquí se había acabado para siempre.

Elijo la paz, dejar de sufrir, sonreír, elijo la aceptación y, especialmente, confío en que la vida sabe lo que hace; siempre que suelto y me dejo fluir la vida me lleva a buen puerto.

Me perdono y le perdono, todo está bien y todo ha ocurrido exactamente del modo preciso y necesario. Paso página y continúo mi camino hacia la paz, desde la aceptación plena de que todo es tal y como debe ser, de que todo es perfecto.

37
La influencia del sistémico y los órdenes del amor

Yo conocía el trabajo de Bert Hellinger acerca del sistémico y como este influye en las relaciones de pareja, era perfectamente consciente de la necesidad de honrar a los padres y a las relaciones anteriores de nuestras parejas para que nuestra relación fluyera.

Sabía que, según Hellinger, los hijos de parejas anteriores ocupan un lugar prioritario en el orden sistémico y que van antes que nosotros. En la medida en la que pretendamos relegarlos a un segundo plano nos hacemos daño a nosotros mismos y bloqueamos la relación; también sabía la importancia de tener una buena relación, o al menos respeto, hacia nuestros suegros para que nuestra relación fuera fluida y armónica.

Tuve una suegra, la madre de Ricardo, que era una mujer dominante, que creía saberlo todo y clasificaba todas las cosas en buenas o malas, ella creía en la cultura del sacrificio y se sacrificaba mucho por su familia. Su sistema de creencias chocaba frontalmente con el mío; aun así yo era consciente de la necesidad de aceptarla, y aunque ella trataba de cambiarme permanecí inamovible en mis principios, no cedí ni transigí un milímetro por miedo a que no me quisieran o que me excluyeran del clan, aunque en ocasiones hubiera sido más fácil transigir.

Pero hice todo lo que estuvo en mi mano para respetarla y honrarla, le intenté transmitir mi más profundo respeto y amor incondicional. No fue fácil, porque el ego se colaba en medio dándome miles de argumentos por los cuales ella estaba equivocada y yo tenía la razón.

No obstante, nunca le dije a su hijo una mala palabra acerca de su madre, siempre traté de unirlos y mediar entre ellos, y acepté sus decisiones, como invitar a la expareja de Ricardo a su casa continuamente.

No era fácil, pero yo sabía que la vida me estaba enseñando mucho con esa experiencia: tolerancia, aceptación, amor incondicional, gratitud hacia esas dos mujeres, madres de dos de las personas más importantes de mi vida.

Gratitud hacia aquellas que amaban profundamente a esos hombres que compartían mi vida.

Gratitud por el regalo que habían creado en mi vida.

Siempre fui consciente de que honrarlas a ambas era necesario para que el sistema funcionase armónicamente y fluyese. Y siempre pude observar muy de cerca que en el momento en el que yo me enfadaba con mi suegra o reivindicaba mi supremacía frente a su expareja, algo se fastidiaba y dejaba de funcionar, algo se rompía y energéticamente se bloqueaba.

La vida es muy sabia y nada es casual, ellas formaban parte de mi sistema, yo no las había elegido, pero había elegido a sus hijos, y la única opción de vivir en plenitud y equilibrio era honrarlas, respetarlas y darles prioridad frente a mí misma, y así lo hice.

Siempre tuve el corazón abierto para ellas, aunque en ocasiones ellas me lo cerrasen.

Me siento en paz al escribir estas líneas y alentar a todos los que me estéis leyendo a que tratéis de amar a vuestros suegros y a las parejas previas de vuestras parejas, ya que, aunque solo sea egoístamente, es determinante para que la relación fluya y para que haya un equilibrio energético. Es determinante para que todo el sistema funcione como un engranaje perfecto, como las piezas de un reloj, y todos sumen, aun cuando parte del sistema no comprenda las dificultades de nuestro rol y nuestra posición secundaria.

Aun así, pensemos que la vida nos está dando una lección de humildad y que, a pesar de que mentalmente no podamos transmitir nuestro sentir, siempre podemos abrir el corazón y dejar que nuestro amor fluya libremente inundando todos los recovecos del sistema. Las demás piezas, inconscientemente, lo sentirán y, sin comprender muy bien los motivos, se aplacarán y nos dejarán más espacio de libertad.

Si la vida nos ha puesto en medio de un sistema tan complejo no es porque sí ni casualidad, tal y como yo acababa de descubrir en Elche.

Ahora necesitaba ratificar mi teoría. Si realmente esto era así, yo había hecho un gran descubrimiento para el mundo terapéutico que podía contribuir a la sanación de miles de personas. Necesitaba constatarlo.

Cualquier psicólogo sabe que, inconscientemente, nos enamoramos de personas que nos recuerdan a nuestro padre en el caso de las mujeres, o a nuestra madre en el caso de los hombres.

De alguna forma nos hacemos dependientes de esas necesidades que no estuvieron cubiertas en nuestra infancia. Si en la infancia nuestras necesidades de afecto, seguridad y reconocimiento no estuvieron cubiertas, nos enamoraremos, aparentemente, de hombres o mujeres que puedan cubrir esa falta.

Había constatado en mis experiencias vitales y en todas las horas de *coaching* en esta área que la vida siempre nos facilitaba oportunidades de sanación y nos ponía delante exactamente lo que necesitábamos para nuestra expansión y evolución.

Comparto con vosotros esta síntesis del trabajo de Bert Hellinger elaborada por Susana María Saucedo del Campo, que creo que puede ayudarnos a comprender las relaciones.

«La pareja se fundamenta en la atracción sexual, si no la hay no hay pareja, hay amistad. También se fundamenta en el amor, y cuando es así es porque aceptamos al otro tal cual es, sin querer cambiarle.

Lo que nos permite una relación de pareja duradera es tomar a nuestros padres tal cual son y quererlos incondicionalmente, así como querer a los padres de la pareja tal cual son, esto es fundamental y a la vez la ruina de muchas relaciones, al no tenerlo en cuenta.

Si no aceptamos a nuestros padres, los iremos buscando de forma inconsciente en nuestras parejas. Una vez aceptamos a los padres incondicionalmente, podremos ver a la pareja como es, porque antes no podíamos verla, solo veíamos nuestras necesidades.

Desde el enfoque sistémico, es importante tener en cuenta el orden, quién ha venido antes y quién después. Dos personas se enamoran y forman una pareja, y más tarde su amor se manifiesta en un hijo. Ya no solo son pareja, sino a la vez padres de su hijo, pero en primer lugar son pareja y solo después padres.

A veces, se invierte el orden y el principal objetivo de la pareja es ser padres de sus hijos, descuidan su relación de pareja y le dan toda la atención a su hijo.

Cuando esto ocurre, la pareja corre peligro y aunque el hijo recibe más atención y se siente importante, a la vez se va a sentir, a nivel inconsciente, inseguro porque percibe que de él depende la felicidad de sus padres y la estabilidad de la familia. Y ahí es cuando surgen problemas de hijos que buscan restaurar el equilibrio en la familia. En este caso, sería importante que la pareja diera de nuevo prioridad a su relación de mujer y hombre, cuidándola y desarrollándola, y así restaurarían ese equilibrio perdido y el hijo no se sentiría responsable de hacerlo.

Dentro del orden, hay que saber también que el sistema familiar actual tiene prioridad sobre la familia de origen. Si uno da más importancia a sus padres y hermanos que a su mujer/marido, esta pareja empieza con mal pie, difícilmente va a ser una pareja duradera a largo plazo. Podéis observar en nuestra sociedad que este problema es muy común en las parejas; discusiones que tienen que ver con la suegra o la familia de origen ya que el hijo no ha cortado el cordón umbilical con la madre, como se diría en términos psicológicos.

Y en cuanto a las relaciones de pareja con hijos de parejas anteriores, el orden en este caso es: primero son padres y en segundo lugar pareja de su segunda relación. Por ejemplo, cuando un hombre aporta un hijo a una nueva relación, el hombre en este caso primero es padre y solo en segundo lugar es marido para su segunda mujer. Primero va el hijo y solo después la mujer. La relación también puede funcionar si la segunda mujer respeta que la primera mujer va en primer lugar, después la sigue el hijo de ambos (y que en el amor hacia su hijo va implícito el amor a su primera mujer), y que solo después va ella. Lo importante es que uno respete a la primera pareja de nuestra pareja actual, no hay mujeres u hombres mejores, solo diferentes. Únicamente puedes amar al otro con su primera mujer y con su hijo. No puedes tenerlo solo. Y cuando uno acepta esto y lo toma en su corazón entonces podrá haber una relación sana.

Ahora que conoces las bases para que una relación funcione, seguro que tu relación presente o futura será distinta y más sana. Será una relación desde el amor.

No hay que olvidar que amar es aceptar al otro incondicionalmente, es decir, no poner ninguna condición, amarle con sus fracasos y sus virtudes, tal como es».

Continúo con mi relato.

38
El perdón

UNA DE LAS LECCIONES clave para una vida plena es el perdón; yo soy estudiante de Un Curso de Milagros, en el que nos enseñan que el perdón es la llave que abre todas las puertas.

En realidad, como tú eres libre y creador de cada una de tus experiencias vitales ya que estas están conectadas con tu inconsciente, no hay nada que perdonar.

Incluso en el hipotético caso extremo de una violación o un asesinato, como eres cocreador de la situación en el plano de las almas no hay nada que perdonar, y cuando perdonas al otro en realidad te estás perdonando a ti mismo.

Sí, ya sé que esta idea produce rechazo, pero en esto se basa el H'oponopono. Si alguien te pisa en el metro tú tienes algo que ver en que te haya ocurrido eso, esa circunstancia no es ajena a ti, de forma inconsciente estás provocando que ocurra.

Jesús decía: «Cuando alguien te agrede pon la otra mejilla». Creo que era su manera de expresar que cuando alguien te agrede es porque tú lo estás cocreando a un nivel profundo, porque tu alma ha decidido experimentar ese capítulo.

Una versión actualizada de las palabras de Jesús sería: «Si alguien te agrede, analiza qué parte de ti hay en esa agresión para que puedas ver dónde te estás agrediendo a ti mismo y te sirva de señal para amarte y respetarte, o para establecer los cambios necesarios en el plano de las formas y el sistema de creencias para que la sanación tenga lugar».

Si alguien te agrede no contraataques, porque si lo haces le das validez al ataque; no contraataques, ama. Amar es sinónimo de perdonar.

«Si me defiendo, es que he sido atacado, en mi indefensión radica mi fortaleza». UCDM

En el mundo de las formas, en ocasiones es difícil hacer el clic y perdonar porque te enredas en las explicaciones lógicas y racionales, pero cuando conectas con el nivel esencial, en tu corazón sabes que el perdón es el único camino, no solo porque tú eres responsable de todas y cada una de tus experiencias, sino porque las estás creando, aunque no sea de forma consciente, y en realidad al único que estás perdonando es a ti mismo.

Perdonar te libera, te permite abrir el corazón y brillar, perdonar te desbloquea energéticamente, perdonar te sana.

El perdón te permite asumir la responsabilidad de tu vida como creador de todas tus experiencias, **perdonar reestablece el amor en tu corazón.**

Aunque fuese egoístamente, necesitas perdonar para soltar y sanarte; **perdona todas y cada una de tus experiencias vitales por mucho que te duelan.**

El perdón es algo que haces contigo mismo, no necesitas ir a hablar con nadie o decirle: «Te perdono». El perdón es energético, es un movimiento del corazón.

Tenemos un concepto erróneo acerca del perdón. «Perdono, pero no olvido». ¿Puede haber una frase más egoica? ¿Puede existir algo más limitante para tu evolución?

Tú decides perdonar a alguien porque crees que eres muy bueno y tienes razón; o, por el contrario, decides no perdonarle porque ha sido muy malo. ¡*No way*! Las cosas no funcionan así.

Perdonas porque asumes toda la responsabilidad de tus experiencias vitales y sabes que esa es la única vía de sanación, porque sabes que eres corresponsable y que perdonar te libera, porque no hay nadie fuera a quien perdonar sino a ti mismo.

Recuerda que no existe nadie fuera de ti, todo lo que ves es una proyección de tu mente.

El otro no existe.

Todo lo que experimentamos es una película que proyecta nuestras ideas inconscientes, todo está en nuestra mente, de modo que no hay nadie a quien perdonar más allá de a nosotros mismos por haber generado esas ideas que dan lugar a ese espejo, que dan lugar a esa realidad.

39
El perdón en los órdenes del amor

PERDONAR A NUESTROS padres es clave para poder disfrutar de una relación de pareja equilibrada.

Hemos elegido a padres que presentaban heridas emocionales similares a las nuestras. Esto puede ser difícil de entender racionalmente, pero debes verlo en estos términos: dentro de este estado ilusorio que es la encarnación en un cuerpo con un ego, vivimos diversas vidas, siempre dentro de la ilusión, y el tiempo solo es un concepto perteneciente a la ilusión.

Antes de nacer, elegimos a padres con heridas emocionales parecidas a las nuestras, de modo que al ver reflejados en ellos nuestras propias carencias nos resulte más fácil reconocerlas y trascenderlas.

Cada generación que nace es más potente que la anterior y tiene en sí misma la capacidad de sanar todo el transgeneracional integrando y trascendiendo esas heridas.

Heredamos el programa del ego familiar que se corresponde con el grado de evolución en el que habíamos dejado el ego en vidas previas. Si somos capaces de poner amor allí donde en nuestra saga siempre había habido miedo, estamos sanando a toda la saga y todos nuestros descendientes presentarán amor en lugar de miedo en esa parte del programa.

Es decir, cada uno de nosotros tenemos la capacidad de sanar todo nuestro árbol genealógico. Somos más potentes que la generación anterior y podemos sanar nuestro árbol familiar poniendo amor donde ellos no pudieron ni supieron, esa es nuestra fuerza, nuestro poder y nuestra responsabilidad.

Gracias a todos nuestros antepasados que fueron capaces de poner amor donde antes había miedo, hemos heredado un mundo más humano que en la época medieval, un mundo más sincero, sin esclavitud ni circo romano. Todavía estamos en un estado muy rudimentario, por supuesto, sigue habiendo guerras, países, fronteras, racismo, clases sociales, corruptos y un montón de miedo, miedo y más miedo.

Por eso cada generación que nace tiene en sí misma el poder y la responsabilidad de poner amor donde sus antepasados no supieron hacerlo, de sembrar concordia allí donde sus ancestros estuvieron paralizados por el miedo.

Cada generación tiene en su mano la opción de regalar amor a raudales, porque es más potente que la generación previa y tiene más capacidad de hacerlo.

A menudo, hay personas que se quedan trabadas en un trauma de la infancia, que sufren a manos de sus padres, y el resentimiento hacia sus progenitores les acompaña toda su vida.

A todos nos hubiera gustado tener una infancia más feliz y en mejores condiciones, pero vivir en el resentimiento hacia nuestros padres bloquea energéticamente todas las posibilidades de tener una relación de pareja equilibrada.

Esta afirmación es matemática, las personas con rencor hacia sus progenitores tienen serios bloqueos en sus relaciones de pareja y en ocasiones son incapaces de consolidar una relación.

Nuestros padres hicieron lo que pudieron o supieron en la medida de sus posibilidades; por supuesto que cometieron muchos errores, pero todos ellos, por atroces que puedan parecernos, los hicieron desde la inocencia y la inconsciencia. Si nosotros los elegimos a ellos, es porque nuestro punto de partida de vidas previas presentaba una inconsciencia similar y porque ellos eran la mejor opción para que no siguiéramos repitiéndola al tener que padecerla en nuestras carnes siendo niños. Es decir, si nosotros somos generosos porque hemos tenido un padre avaro, no es solo merito nuestro, sino de la experiencia de escasez que nuestro padre nos proporcionó y que nos permitió abrirnos a la abundancia, sin esa experiencia seríamos exactamente igual de avaros porque este era nuestro punto de partida.

Cuando comprendes esto, comprendes cuán necesario es perdonar a nuestros padres para poder aprender a amar y que inútil, dura y deficitaria es nuestra vida cuando decidimos no hacerlo y solo culparles.

La vida, en su infinita sabiduría, consciente de la importancia de que perdonemos y de que pongamos amor donde nuestros padres no supieron hacerlo, nos pone delante a parejas con programas similares a los de nuestros padres, es decir, con egos similares a los paternos, que al tiempo nos hacen de espejo de nuestro propio ego.

Si no hemos perdonado a nuestros padres, nos vamos a encontrar con el mismo tipo de conflictos, en diferente formato, con nuestras parejas, para que en esta ocasión seamos capaces de contraponer amor y trascenderlos.

Si yo no soportaba la ira de mi padre y le guardo resentimiento por ello, me voy a enamorar de un novio iracundo que me va a enseñar a acoger con amor esa ira y a ver que esa emoción también está dentro de mí.

Lo mismo ocurre con las cosas que rechazamos. Rechazas la prepotencia porque tu madre era muy prepotente, pero te enamoras de chicas tan prepotentes como tu madre.

Odiamos a los dictadores, a las víctimas, a los manipuladores, a los dementes como nuestro padre y nuestra madre, pero nos enamoramos de ellos.

Qué bonita es la vida; no podemos escapar de nosotros mismos y solo existen dos opciones: poner amor donde antes había miedo o seguir reviviendo los mismos patrones. Empezar por perdonar a nuestros padres nos ahorra muchos patrones destructivos en la relación de pareja.

Conozco un caso de una chica cuyo padre tenía alzheimer. Ella tenía mucho miedo a su padre, y se enamoró de una persona con fuertes problemas mentales, de modo que esa experiencia le ayudó a sobrellevar ese miedo y transitarlo. Sus siguientes relaciones ya no necesitaban mostrar ese patrón porque ese miedo estaba trascendido.

Inconscientemente, buscamos a mamá y a papá en nuestra pareja, buscamos eso que papá o mamá no pudieron cubrir en nuestra infancia y esa es la fuente de la dependencia emocional. Paradójicamente, hasta que no lo cubramos nosotros mismos vamos a saltar de pareja en pareja en intentos fútiles de encontrar fuera lo que no sentimos dentro, cuando en realidad es al revés.

El razonamiento no es: «me dan amor, entonces me siento bien y soy independiente emocionalmente». NOOOOOOOO, el orden correcto es: «soy amor, expando el amor, tengo amor».

SER-HACER-TENER es la regla que funciona, y no al revés.

El único que puede cubrir tus carencias de la infancia eres tú mismo, nadie puede hacerlo por ti, y mientras lo estés buscando fuera, estarás perdido.

La vida te pone delante el espejo de aquello que necesitas para crecer. Atraes lo que eres, no lo que quieres, de modo que también atraes los conflictos que tienes pendientes sanar con tus padres.

¡Por eso el perdón es tan necesario para tu vida!

Ahora entramos en la parte mágica, aquella que me mostró el hijo de Ricardo: la parte de los hermanos. Este punto no está contemplado en el trabajo de Hellinger ni en ninguna teoría del sistémico que yo conozca, no sé si hay alguien más que maneje esta información, pero creo que es mi gran aportación al mundo terapéutico y una pieza clave para la sanación de muchas personas.

Para mí, es un enorme placer compartir esta información con el mundo, esta es mi contribución al mundo terapéutico, al mundo del sistémico, y es mi gran aprendizaje para mi propia vida porque la engrandece y la llena de belleza transformando el rencor en perdón. Gracias a ella, he experimentado una absoluta sanación de la relación con mi hermano que me ha permitido responsabilizarme de mi vida y agradecer todas y cada una de mis experiencias vitales.

Los hijos de relaciones anteriores que aparentemente «estorban» en nuestra relación simbolizan los hermanos, aquellos hermanos a los que eclipsamos y relegamos a un segundo plano acaparando la atención de nuestros padres. Si en la relación de pareja somos capaces de relegarnos a un segundo plano anteponiendo ese niño a nosotros mismos, estaremos restableciendo el equilibrio energético y sanando nuestra parte competitiva inconsciente que rivalizó con nuestros hermanos por la atención de nuestros padres.

Nosotros competimos por la atención en nuestra infancia, ahora nos toca aprender a estar en paz sin ser el foco central de atención. Nos toca aprender a aceptar al otro sin acaparar la atención.

He tenido la oportunidad de constatar esta enseñanza en mi experiencia personal, aunque es cierto que no a todas las personas que tienen un conflicto con sus hermanos se les manifiesta un hijo de otra relación en sus relaciones de pareja. Solo cuando la vida considera que ya hemos transitado los aprendizajes previos vinculados a nuestros padres o a nuestras disfuncionalidades más extremas, solo después de que hemos recorrido parte de nuestro crecimiento personal, ya sea consciente o inconsciente, la vida nos presenta este tipo de situaciones.

Es como si fueran los flecos pendientes por sanar.

Primero, en mi relación con Rodrigo sané determinadas pautas egoicas que había en mí, luego en mi relación con Mike comprendí la necesidad de vencer el miedo a la soledad y amarme; solo cuando todo eso estuvo superado pude perdonar las reminiscencias que me quedaban de la relación con mi padre. Comprendí que mi padre era un bendito que no había hecho otra cosa que amarme con todo su ser.

¿A su manera? Sí, claro, a su manera y de una forma mejorable, pero él lo había hecho lo mejor que podía para su estado de conciencia y evolución. De modo que, después de todos esos aprendizajes y etapas, llegaba a mi vida el niño y la sanación del conflicto de rivalidad con mi hermano, que debió tener lugar cuando yo tenía 3 años de vida (al nacer él) y que imagino que duró hasta que tuve 6 o 7 años.

Lo cierto es que yo no soy consciente de haberlo relegado, de haber rivalizado con él o haberlo dejado en un segundo plano, pero a los hechos me remito.

Lo primero que hice después de mi hallazgo fue ponerme a preguntar sobre este tema a todas las personas que conocía que tenían una relación de pareja con un niño de una relación previa.

Hablé con mi amigo David, que me contó que esa era la situación de su hermana. Estaba casada con un hombre que tenía dos hijos de un matrimonio previo, de modo que cuando yo me quejaba de las dificultades que atravesaba y de lo compleja que era ese tipo de relación, él siempre me hablaba de que su hermana pasaba por vicisitudes semejantes y no era con uno, sino con dos niños.

Mi cabecita daba vueltas, pensaba y pensaba. La pregunta que le hice a David fue muy rápida y certera: «David, ¿cuando eras pequeño tu hermana os relegaba a tu otra hermana y a ti a un segundo plano?». «Sí, ¡era el ojito derecho de mi padre! Yo siempre me sentí totalmente desplazado por ella», me contestó él. ¡BINGO! «David, ¿le guardas resentimiento a tu hermana?». «Sí, en cierto modo sí…». ¡BINGO! No uno, sino dos niños que representaban a sus hermanos.

La siguiente fue Antonia, una de las asistentes a mis talleres e íntima amiga mía a día de hoy. Antonia se quejaba del conflicto con la hija de su novio. Automáticamente le pregunté: «¿Tienes una hermana?». «¡Sí!». «¿Y qué tal te llevas con ella?». «Fatal, no sé qué le pasa conmigo, pero desde siempre nos llevamos mal y es ella la que no me soporta». ¡BINGO!

Aplicando el mismo razonamiento he podido corroborar unos quince casos. No siempre coincidía el sexo del niño con el sexo del hermano, o el número de niños con el número de hermanos, pero no fallaba, siempre que había un niño de una relación previa había un conflicto entre hermanos no resuelto, y una vez más pensé: «¡qué bonita es la vida!», y qué preciosos y precisos son sus mecanismos de sanación.

Me encantaba ir poco a poco recordando las reglas de este juego ilusorio: Matrix, la vida se había convertido en un juego fascinante donde el perdón era la llave mágica que abría todas las puertas, resolvía todas las situaciones y nos permitía pasar de pantalla

Me honra regalarle al mundo este hallazgo y, especialmente, regalárselo a mi corazón.

Un día después de haber escrito estas líneas me llamó una chica. Había sufrido mucho porque se había visto relegada totalmente por las hijas de su expareja y el comportamiento que él había tenido con ella ocultándola y negando todas sus necesidades en beneficio de las niñas.

Que nos pongamos en segundo plano no significa que nos sometamos ni aceptemos este tipo de situaciones. Creo que ella tomó la decisión correcta dejándolo. Es necesario que haya un equilibrio entre nuestras necesidades y las de los niños de parejas previas. Ellos van primero, pero eso no significa que nosotros tengamos que negarnos a nosotros mismos, adaptarnos a todo lo que ellos decidan ni reprimir nuestras necesidades. Hay que encontrar un equilibrio.

Esta chica era adoptada y no había tenido hermanos; investigando su caso, ambas fuimos capaces de dilucidar que la vida le estaba reproduciendo su miedo primigenio a ser *la que sobra*, a estorbar, ya que así había sido su infancia, y en este caso su aprendizaje pendiente era amarse, respetarse y poner límites.

Cito textualmente sus conclusiones:

«Espero que te sirva para ayudar a otros, es el único motivo por el que comparto mi historia contigo. Tal como te comenté, yo nací en Melilla y a las pocas horas de nacer, todavía con restos del parto y el cordón umbilical recién cortado mis padres adoptivos me llevaron a Agres. Mi infancia no fue nada fácil ya que desde que tengo recuerdos, mi madre siempre estuvo enferma, con una tremenda depresión. Rompía todo lo que había a su alrededor, quemaba mi ropa, incluso recuerdo algún maltrato. Por todo ello, yo le cogí miedo, no quería pasar tiempo con ella y como mis abuelos vivían en el piso de abajo pasaba todo el tiempo con ellos. La relación entre mis padres era de todo menos amorosa. Hasta que, cuando yo tenía 9 años, mi madre murió de un cáncer que llevaba sufriendo durante los dos últimos años. Yo no tengo hermanos, pero tal vez la conclusión que tú has extraído de las personas con las que has trabajado en mi caso no sea en relación con los hermanos, sino con una madre que al adoptarme sintió que toda la atención de mi padre y mis abuelos fue protegerme y cuidarme a mí más que a ella, ya que yo era una niña muy pequeña y frágil. Durante muchos años tuve un gran sentimiento de culpabilidad y la vida poco a poco me fue presentando a grandes maestros, grandes seres de luz para perdonarme y perdonar. He hecho muchas horas de meditación y yoga, tanto aquí como en India, y me encuentro en un proceso de aprendizaje del camino; es lo que tú siempre dices... "el amor como manera de vivir", como mi manera de vivir».

40
Escuchar al corazón, la intuición

«La mente intuitiva es un regalo sagrado y la mente racional es un fiel sirviente. Hemos creado una sociedad que rinde honores al sirviente y ha olvidado el regalo».

ALBERT EINSTEIN

LOS CIENTÍFICOS ACABAN de demostrar que el corazón tiene neuronas. Es divertido comprobar cómo la ciencia y las leyes de la física van demostrando y corroborando la espiritualidad a cada paso que dan, y como la ciencia y la intuición se van dando la mano.

Para mí, la intuición es justo eso.

La intuición es una certeza interior, una corazonada, una información que no sabes de dónde proviene, que desafía la lógica, pero que sabes que es cierta.

¿Y por qué lo sabes?, pues no sé, pero tu corazón late con fuerza, vigoroso, cada vez que la intuición aparece en escena, mostrándote que ese es el camino.

La intuición es un espacio poderoso de conexión esencial, de conexión con el cosmos, con el universo, con la fuente; un espacio en el que llega a nosotros toda la información esencial necesaria para nuestras vidas.

Es un espacio interno de sabiduría que nos muestra el camino, nos conecta, nos integra y nos expande.

Desgraciadamente, en pocas ocasiones la escuchamos y dejamos hablar a esa vocecita interior de paz y sabiduría.

Seguimos cerrándonos y negándonos a escuchar nuestro corazón, preferimos escuchar el sistema de creencias predominante, escuchar nuestros miedos.

Seguimos queriendo planificarlo y controlarlo todo. Tenerlo todo asegurado: trabajo para toda la vida, coche para toda la vida, pareja para toda la vida; aunque esto vaya en contra de los principios de funcionamiento del universo, en contra del principio de vibración del kybalón que rige nuestras vidas: *«Nada descansa; todo se mueve; todo vibra»*. Aunque vaya en contra del principio de impermanencia que rige el budismo: «Todo cambia, nada permanece».

Buda fue un gran maestro que describió muy bien el proceso del sufrimiento humano derivado del apego y de nuestra necesidad de control, incapaces de abandonarnos al fluir y al devenir de la vida. Tratamos de controlar todo cuanto ocurre a nuestro alrededor, cuando de lo único que podemos estar seguros es de que todo cambia y nada permanece. En la medida que nos entreguemos a ese proceso, podremos alcanzar nuestro *dharma* y la verdadera iluminación. De la resistencia al cambio solo se deriva el sufrimiento.

Así que, de lo único que podemos estar seguros, es de que todo cambia y nada permanece igual. **Lo único constante es el cambio.** Y nuestra intuición es un mecanismo natural para conectarnos con la información universal que nos permita transitar esos cambios desde el amor y la sabiduría.

En lugar de potenciarla, desarrollarla y permitirle estar en su lugar, nos pasamos la vida acallándola, tratando de vivir desde las variables puramente racionales y procesándolo todo desde el miedo, buscando desesperadamente la certidumbre.

A medida que le demos alas y potenciemos nuestra intuición, fluiremos con la vida, aceptaremos el cambio y tomaremos las decisiones alineadas con nuestro corazón.

¿Cómo extrapolamos esto a nuestra relación de pareja?

En ocasiones intuímos que estamos con alguien con quien ya no nos sentimos plenos y oímos la llamada de la vida hacia la incertidumbre de la ruptura, hacia el desapego, hacia el fluir. Aunque, incapaces de dar un paso al frente, nos quedamos en nuestra zona de confort.

Nuestra mente nos provee de infinidad de argumentos racionales para tenernos atrapados ahí: el dinero, los hijos, la comodidad, las apariencias, el círculo de amigos, nuestros padres.

La lógica racional nos cuenta que nuestra pareja es la idónea porque cumple todos los requisitos, porque es ideal y porque todo el mundo opina lo mismo, pero nuestro corazón nos dice que no. Nuestro corazón late con fuerza indicándonos el camino correcto cada vez que estamos fuera de casa o separados de nuestra pareja, nuestro corazón se alegra con todos los solter@s que encuentra apetecibles en su camino.

Pero nuestra mente decide tapar esa sensación, decide solo dejar espacio a lo predecible, decide conformarse y se cuenta historias para justificar su falta de valor. Por eso, seguimos erre que erre negándonos a sentir, a escuchar a nuestro corazón y a afrontar los cambios, paralizados por el miedo.

La lógica racional aplasta esas voces, pero nuestro corazón e intuición, siempre alineados, pugnan por su libertad, quieren que les hagamos caso, que les escuchemos; y cuantas veces nos hemos negado. Cuando al final, por fin, les hacemos caso nos decimos a nosotros mismos: «Si les hubiera escuchado mucho antes». Alejandro Jodorovski afirma: «El intelecto siempre tiene razón, la intuición nunca se equivoca», , o como decía Blaise Pascal: «El corazón tiene razones que la razón no entiende».

En el corazón radica nuestra conexión esencial, y es la fuente de toda sabiduría y potencialidad infinita, por eso no podemos permitirnos ignorarlo ya que estaremos ignorando nuestro oráculo esencial, nuestra parte divina. Estaremos reprimiendo una vida con sentido y nos estaremos entregando a los convencionalismos sociales y al miedo imperante que nos convierte en zombis.

¿De veras vas a seguir viviendo reprimido? o ¿vas a dar un salto adelante para permitirte ser tú y vivir tu vida con quién quieras y cuándo quieras?

Tú no eres responsable de cómo se siente el otro, él debe tomar sus propias decisiones; no debes sentirte culpable por escuchar a tu corazón. Si abandonas a alguien por seguir a tu corazón, le estás haciendo un favor a la otra persona, le estás ayudando a despertar y a comenzar a escuchar su propio corazón. No merece la pena reprimir nada, no merece la pena vivir a medias, tú solo eres responsable de ti mismo y de tus hijos cuando son menores de edad. No creo que sea favorable para los niños ver a sus padres vivir reprimidos autoengañándose en una mentira.

Si tu corazón te dice que saltes, ¡salta! Tus hijos comprenderán lo necesario que era ese salto para ti y con el tiempo te apoyarán.

41
El espacio de tu corazón y el amor universal

NOS PASAMOS LA VIDA haciendo cosas para que nos quieran. Logramos cosas, sacamos títulos académicos, conseguimos ascensos, compramos coches grandes, nos pintamos las uñas, etc. Nos contamos que queremos progresar, que queremos más dinero, seguridad, vernos guapos, pero **la motivación última es que queremos que nos quieran.**

Buscamos el éxito desesperadamente porque queremos que nos quieran, queremos convertirnos en alguien de provecho para volvernos queribles, aceptables y dignos de amor.

Buscamos pertenecer a grupos sociales, asociaciones, clubs de empresarios, colectivos, familias, etc., cuando nuestro objetivo inconsciente es simplemente que nos quieran.

Buscamos desesperadamente aceptación a través de nuestro físico, creyendo que un cuerpo bonito o unas mechas van a hacer que nos quieran más.

Buscamos desesperadamente notoriedad pensando que si ponemos el despacho en una calle principal o nuestro anuncio en las mejores revistas tendremos más clientes, pero lo que en realidad estamos buscando es aceptación, dinero y, en última instancia, que nos quieran.

Cuando nos esmeramos en ser perfeccionistas, estamos buscando que nos quieran.

Cuando competimos por un número uno, estamos buscando que nos quieran.

Sacando buenas notas, siendo importantes, ganando dinero, siendo guapos o con unas tetas más grandes aprendimos que nos prestaban atención y pensamos que eso era amor. Siempre estamos buscando amor y hacemos lo indecible para asegurarnos de que nos quieran. Es increíble la cantidad de cosas que somos capaces de hacer para mendigar amor.

Esto se ve muy claramente cuando entramos en el juego de «ser buenos» y reprimir nuestras necesidades para que nos quieran, cuando hacemos concesiones y nos sacrificamos por los demás solo para que nos quieran.

Nos hemos olvidado de quiénes somos realmente. Hemos olvidado que somos amor, que somos una expresión de la divinidad y que no tenemos que hacer, lograr o conseguir nada para que nos quieran.

El amor es nuestra herencia natural y nos corresponde por nuestra condición de ser.

El amor es lo que somos, es nuestra esencia y nos lo merecemos por el hecho de ser.

Desgraciadamente, nos hemos desconectado de esa sabiduría y nos pasamos la vida persiguiendo fuera lo que ya está dentro de nosotros.

Somos dioses pidiéndole a un mundo que estamos creando que nos haga felices.

Dioses pidiéndole a una figura de barro que se ocupe de hacernos felices.

Dioses buscando amor en una figura de barro.

Dioses que han olvidado que existe un espacio dentro de ellos mismos del que emana el amor de forma natural, un espacio en el que está disponible todo el amor del universo, en el que se entra en comunicación directa con Dios, donde se puede sentir toda su grandeza y magnificencia. Hemos olvidado que podemos conectarnos con ese espacio para emanar amor al mundo.

No necesitamos ganarnos ni conseguir ese espacio haciendo cosas, ese espacio es nuestro estado natural y está disponible ya mismo, aquí y ahora, para todos nosotros. Un espacio donde conectamos con nuestra inmensidad y nos convertimos en la belleza y pureza del amor que somos.

Allí ya lo tenemos todo, porque todo nos ha sido dado, solo tenemos que recordarlo y reclamar nuestra herencia natural.

Existe un espacio dentro de cada uno de nosotros, es el espacio sagrado del corazón, cuando nos conectamos y lo activamos nos convertimos en amor, emanamos y destilamos amor.

La conexión con este espacio nos permite ser aquellos que realmente somos, conectar con nuestra divinidad y amar incondicionalmente, tal y como nos amó Jesús y otros grandes santos o maestros espirituales de todas las tradiciones; tal y como muchas madres aman a sus hijos.

Los niños nacen para enseñarnos a amar incondicionalmente, para ayudarnos a superar las dificultades que experimentamos para conectar con este espacio cuando nos dejamos llevar por la voz del ego.

A medida que avanzamos en la senda del amor hacia nosotros mismos nos reconectamos con este espacio, con este lugar de amor infinito e incondicional, receptáculo de nuestra verdadera esencia. Cuando nos conectamos con él comenzamos a amar realmente y a destilar amor, ese amor que va más allá de nuestras parejas o hijos.

Cuando comenzamos a desarrollar la capacidad de amar, el amor se convierte en un sentimiento universal que impregna nuestras vidas, ya no amamos solo a nuestros seres queridos, sino que amamos la vida y bendecimos cada una de sus manifestaciones.

Amamos a los animales como una de las máximas representaciones del juego de la vida, amamos a todos los seres y sentimos una conexión especial con todo lo que es, conscientes de que todos estamos interconectados, todos somos uno y todos somos Dios.

Esto es lo que se conoce como «iluminación».

Entonces sientes, desde el estado de presencia, que nunca has estado separado y que todos los seres vivos son el mismo ser, que está jugando a estar separado, pero que esa separación solo tuvo lugar en la ilusión de la vida.

Entonces sientes, al mirar a los ojos a alguien a quien conoces desde hace una hora o a un desconocido que te está abriendo su corazón en una sesión de *coaching*, que los amas. Tomas conciencia de cómo has cambiado y de cómo has desarrollado la capacidad de amar. Desde que te amas a ti mismo puedes amar a todos los seres, o al menos tener atisbos de esa sensación, y ese amor universal te permite ver la inocencia y belleza de todos tus hermanos.

Sientes la pureza de vivir, la belleza de estar vivo, la aventura de vivir y la necesidad de amar, entonces recuerdas que no era necesario hacer nada, que todo estuvo siempre dentro de ti, todo ese amor que te sale a raudales, y que solo necesitabas recordarlo.

Sonríes y te entregas al flujo de vivir, tanto los momentos de conexión como los de desconexión. En ellos vuelves a sentir miedo, pero cada vez son más cortos, más pequeños y más insignificantes.

A partir de ahí, te entregas al hecho de vivir agradeciendo cada instante, cada segundo, cada experiencia consciente que te da la seguridad de que siempre que quieras podrás regresar al espacio sagrado del corazón donde el amor está disponible para ti, **consciente de que ya eres y tienes todo**, de que eres una expresión de la divinidad y estás unido a cada ser vivo del planeta.

Serás consciente de que estás hecho del mismo material que las estrellas o los planetas, de que una sola de tus células contiene en sí misma la flor de la vida o su expresión primigenia, de que una sola de tus células contiene toda la expresión del universo.

Consciente de que un fractal contiene al todo.

Cuando comienzas a recordar quién eres y a reclamar tu herencia natural ya nada vuelve a ser lo mismo, el amor ilumina el miedo y permite florecer a tu corazón.

Entonces la vida se convierte en gozo y disfrute, o, como dicen los orientales, *ananda*, la dicha del ser.

42
La pulsión de unicidad

DESDE EL PUNTO de vista animal, buscamos una pareja para asegurar la supervivencia de la especie. Se junta, el instinto de supervivencia, para el cual los contratos de cobertura mutua de necesidades son un apoyo, con el instinto de reproducción de la especie. Como animales, necesitamos procrear de forma instintiva y estamos programados para copular y asegurar la descendencia.

Desde el punto de vista espiritual, inconscientemente anhelamos la unidad. Sabemos que formamos parte de un todo, que la separación solo es una ilusión y que esencialmente formamos parte de Dios.

Añoramos nuestra unidad, esa sensación de ser uno con el todo, añoramos nuestro estado natural dentro de la continuidad del todo.

El ego siente una enorme necesidad de completarnos, de encontrar a alguien, una enorme necesidad de buscar pareja y consolidar una relación.

En realidad, a un nivel profundo, las variables que se barajan son las de nuestra pulsión de unicidad, a un nivel profundo añoramos nuestro estado natural, añoramos a Dios y queremos volver a casa, donde somos uno con el todo y no existe la separación.

En ocasiones, en la naturaleza podemos sentir nuestra unidad, podemos sentarnos a contemplar el campo, las flores, los insectos y los pájaros, y sentir que formamos parte de ese todo y que estamos interconectados con todas las criaturas vivientes. En realidad, nunca nos hemos separado de ella, solo dentro de la ilusión, sentimos esa separación. Dentro de la ilusión añoramos nuestro estado natural, esa fusión con el cosmos, con el universo, con Dios y con nosotros mismos en nuestra multidimensionalidad.

Añoramos nuestro estado natural, echamos de menos a Dios, queremos estar con nuestro padre y ser uno con el todo, de modo que proyectamos todo eso en la pareja y esperamos que ella llene nuestro vacío interior, nuestra pulsión de unicidad y nuestras ganas de Dios. Pero, evidentemente, la pareja solo puede poner un pequeño parche, nuestra pulsión de unidad va a seguir latente. Las ganas de volver a casa siempre van a pugnar por salir a la conciencia, siempre va a haber un vacío dentro de nosotros que difícilmente podremos cubrir o paliar con una pareja; llenar ese vacío solo será una sensación temporal e ilusoria.

Cuando asumes que echas de menos a tu padre y que sencillamente quieres volver a casa con él, asumes que nada ni nadie de este mundo ilusorio, nada dentro de este sueño te puede proporcionar nada que merezca la pena comparado con la sensación de volver con Dios. De modo que paulatinamente te conviertes en un agente del cambio dispuesto a sanar y perdonar al mundo para así poder deshacer la ilusión y poder sanarte.

La pareja pasa a un segundo plano, ya no es tan importante, en ocasiones te apetece compartir, te apetece quedar con alguien, por no hablar de las necesidades fisiológicas. Te apetece un abrazo, un mimo, una caricia y una conexión de corazón a corazón en la que sentirse especial, por eso en ocasiones decides experimentarlo y dejarte llevar, consciente de que es una felicidad temporal, como una buena comida o un buen vino.

Es una de las experiencias sensitivas más poderosas de la tercera dimensión planeta Tierra, es fantástico compartir con alguien, verte en su espejo y crecer juntos, pero ya nada vuelve a ser lo mismo cuando has experimentado la iluminación, ya no es una necesidad, ahora sabes que Dios es la única necesidad imperante de tu ser y que esencialmente tú eres Dios. Ya sabes que no hay nada que buscar ni necesitar en tu pareja, que solo es una experiencia, y la vives desde el desapego, sin expectativas.

Respecto a los hijos, sabes que la vida vela por tu proceso de ampliación de la consciencia y que todo es perfecto, de modo que si vienen es porque es lo mejor para ti, y si no vienen es porque también es lo mejor por ti. Ya no te obcecas en tomar la decisión de intentar tener hijos o evitar tenerlos. Dejas que la vida decida por ti; las decisiones importantes de la vida entrégaselas a ella, que es mucho más sabia que tú.

Deja que tu ser, tu inconsciente conectado con la vida, sea el que decida cuándo y en qué contexto tener un hijo, deja que sea la vida la que te lleve de la mano y confía en el proceso. No dejes que tu ego se inmiscuya tomando las decisiones desde su miedoso, estrecho y controlador prisma.

Just let it be, lo que tenga que ser, será.

43
La misión

«No sobrevivieron los más fuertes ni los más inteligentes, ni siquiera los que mejor se adaptaban al medio, como diría Charles Darwin, sino aquellos que tenían un para qué».

VIKTOR FRANKL, *El hombre en busca de sentido*

TODOS HEMOS VENIDO al mundo con un propósito, con un talento especial, con una misión.

Todos estamos dotados de características especiales, de grandeza esencial, de dones.

En la parábola de los talentos, Jesús dejó muy clara la importancia de desenterrar nuestro talento, enterrado por miedo, de sacarlo a la luz, hacerlo relucir y refulgir, entregárselo al mundo y así expandirlo y multiplicarlo.

Todos somos superdotados en algo, todos brillamos en nuestros dones y características diferenciales.

El sistema educativo no nos ayuda a brillar ni a ser nuestra mejor versión. Solo se ocupa de homogeneizarnos desde que somos niños, nos estandariza y nos mide a todos por el mismo rasero.

Es como si midieras a un pájaro por su capacidad de trepar a los árboles, a un mono por su capacidad de nadar o a un pez por su capacidad de volar.

El sistema educativo tradicional boicotea nuestros talentos y nos aliena, no nos permite brillar ni expresar nuestros dones, no nos permite ser diferentes.

Todos somos únicos y especiales, pero nadie es mejor que el otro. El sistema educativo nos compara y nos clasifica en función de mejores o peores.

Esto es absurdo, siempre que se establece una comparación es el ego el que compara. Nadie es ni mejor ni peor que nadie, todos somos únicos y especiales.

Desplegar nuestros dones implica dar un paso al frente, implica valor, atreverse a brillar y ser tú mismo. Todos hemos aprendido a esconder nuestra magia por miedo, hemos aprendido a pasar desapercibidos, a adaptarnos, a no sobresalir, a ser uno más. De eso modo asegurábamos nuestra supervivencia y la pertenencia al grupo.

Estamos viviendo un momento evolutivo muy interesante en el que la humanidad despierta colectivamente, un momento que supone un punto de inflexión en el cambio de conciencia, en el que todos tenemos que aportar nuestro granito de arena al cambio, en el que todos tenemos que desplegar nuestros dones para la evolución de la conciencia. Un momento de despertar, de cambio y de volver a casa.

Cuando desplegamos nuestros dones, somos una expresión de Dios, somos la manifestación esencial de nuestro talento, de nuestra grandeza y belleza. Cuando desplegamos nuestros dones, dejamos que Dios actúe a través de nosotros.

Al desplegar nuestros dones estamos regalando amor. Eso es el amor, esa energía expansiva que envuelve al mundo cuando cada uno de nosotros embriaga al mundo con su esencia. Esa conexión esencial que nos permite ser nosotros mismos al 100% y amar.

Cuando desplegamos nuestros dones dotamos nuestra vida de sentido.

Desempeñar nuestra función, nuestro propósito, es nuestra forma de amar, de iluminar el mundo con nuestra esencia, de desplegar todo nuestro amor.

Cuando comencé a dar conferencias, a impartir sesiones de *coaching*, talleres y a desarrollar contenidos de crecimiento personal, pude constatar que era superdotada en ese área, que lo hacía con una facilidad pasmosa y que disfrutaba con ello.

Todos los días me escriben personas de diferentes partes del mundo dándome las gracias por mis vídeos, es bonito experimentar esa gratitud.

Me animan a seguir.

He descubierto mis dones, después de mucha búsqueda y de haber tenido otras profesiones en las que había sido mediocre, como traductora y economista. Soy experta en comercio exterior, tengo un máster en *marketing* de una de las escuelas de negocios más prestigiosas del país, pero por mucho que lo intentaba una y otra vez no destacaba en nada de lo que hacía y no llegaba a disfrutar realmente.

Cuando uno de los libros de Eckhart Tolle cayó en mis manos, sentí como si yo misma lo hubiera escrito, sentí que ese era mi camino y lo dejé todo para dedicarme a esto. Lo llamé *coaching* por ponerle alguna etiqueta comprensible, pero era mucho más que eso, había venido a despertar conciencia y dentro de mí lo sentía con una fuerza fabulosa.

Ese paso decisivo me llevó a convertirme en amor, a comenzar a destilar amor, a amar como nunca antes lo había hecho.

Era capaz de amar a mis clientes más de lo que había sido capaz de amar a mis parejas, de ese modo descubrí que la vocación, el propósito y una vida con sentido son las mayores manifestaciones del amor. Eres capaz de dejar de lado la pareja y poner tu vida al servicio de algo mucho más grande que tú mismo.

Una relación de pareja es importante para mí, tan importante como los testimonios de todas las personas a las que mis contenidos parecen estar cambiándoles la vida.

Nunca estaré lo suficientemente agradecida a la vida por mostrarme el camino de mi verdadera vocación.

Nunca estaré lo suficientemente agradecida al proceso que me permitió comenzar a dedicarme a esto.

Ya no quiero hacer otra cosa, disfruto enormemente con lo que hago, y aunque me pagaran todo el dinero del mundo, nunca volvería a la industria farmacéutica. He descubierto mi pasión, mi misión, mi propósito, el sentido de mi existencia, y no hay nada que pueda ser más bello.

No recuerdo ningún enamoramiento que me proporcionase tan gratificantes sensaciones, no recuerdo ninguna pareja que me hiciera sentir la inmensa gratitud que siento en mi corazón al poder sanarme sanando a otros y siéndoles útil. Mi vida se ha convertido en pura belleza.

La pareja ya no es el eje central de mi vida, lo cual no significa que no sea deseable e importante, pero ya no es el objetivo.

Me siento llena de Dios.

Me gustaría retaros a todos, mis queridos lectores, a todos los valientes que estáis buscando en vuestro interior, a todos los que os ha llegado este libro, a que descubráis vuestra misión, vuestro propósito, y os alineéis con él.

Os reto a que descubráis vuestro «para qué», a que deis sentido a vuestras vidas y a que destiléis amor, y así os convertiréis en una manifestación del amor de Dios en la Tierra.

La pareja solo será un complemento, un amigo con el que compartir experiencias, con el que crecer, pero ya no será el eje central de vuestras vidas.

Tendréis algo mucho más importante: un sentido.

Ni la pareja ni los hijos pueden dotar vuestra vida de sentido, eso solo lo podéis hacer vosotros mediante la conexión esencial con vosotros mismos.

Y como digo siempre, la misión de una persona puede ser hacer tortillas de patatas, hacer camisetas, interpretar las leyes de la astrofísica o cuidar un jardín, siempre y cuando eso os lleve a ser la mejor versión de vosotros mismos y os lleve a desplegar vuestros dones, de modo que esas tortillas o ese jardín destilen amor, y la gente pueda experimentar vuestro amor al comer esa tortilla o pasear por ese jardín.

Todos los dones son igual de importantes, no existen unos mejores que otros, todos son iguales y todos son necesarios, en todos ellos te conviertes en una expresión de la divinidad y todos ellos son piezas del puzle para que la humanidad avance.

Sin tu don falta una pieza, una pieza que solo tú puedes poner, que solo tú puedes completar, que solo tú puedes llenar.

Porque todos y cada uno de nosotros hemos venido a brillar y a dar amor a través de nuestros dones, y cuando lo hacemos conseguimos la realización personal.

Las relaciones de pareja son un tema apasionante, una relación de pareja puede hacernos tocar los extremos: el cielo y el infierno. En todos nosotros existe ese impulso de unión, por eso la pareja, la *completitud,* siempre será la nostalgia de cualquier ser humano. Paradójicamente, nunca vamos a encontrar completarnos en una pareja, ese es un trabajo individual.

Pero sí podemos vivir relaciones sanas, equilibradas, armónicas y libres, en las que ambos miembros se nutran, se apoyen, se desarrollen y crezcan juntos.

Incluso existen relaciones en las que ambos miembros crean un propósito común al servicio de su misión, transcendiendo el ego y sirviendo a su alma en la Tierra.

Esas relaciones constituyen un puro éxtasis vital y son la aspiración absoluta en el plano relacional.

44

La misión compartida: puro éxtasis vital

«Camino con Dios. Me haré a un lado y dejaré que Él me muestre el camino, pues deseo recorrer el camino que me conduce hasta él».

UCDM

VIVIR CON UN PROPÓSITO lo cambia todo, ya sabes el *porqué* de modo que a partir de ese momento solo vives experimentando el *cómo*. Los objetivos y resultados ya no son importantes porque tienes un camino para florecer y experimentar. Tu vida ya tiene un sentido, un sendero, un propósito, lo cual te divierte, te trae al estado de presencia y te hace sentirte útil.

A medida que das amor, experimentas cómo ese amor vuelve a ti, multiplicado. Siguiendo la proporción aurea (el número de Dios), por cada unidad de amor que ofrezcas, el universo te devolverá 1,62, es decir, más del doble, siempre y cuando lo des de corazón y sin esperar nada a cambio.

A partir de ese momento en tu mano estarán las claves de una vida plena, una vida inmersa en las emociones, el sentir y la conexión esencial. Una vida gloriosa al servicio de Dios en la Tierra.

Una vida en la que tu ego se hace a un lado y deja que Dios actúe a través de ti. Es una vida que sin duda merece la pena ser vivida porque te conviertes en una expresión de Dios en la Tierra.

Es una vida marcada por la belleza esencial de dar y recibir, de la entrega a tu propósito. Una vida de gozo y disfrute.

Sublimar esta experiencia es poder compartir esa misión con alguien, que dos seres con propósitos y misiones similares y complementarias se alineen, haciendo de su misión su objetivo y su ocio, de modo que juntos se potencien, se complementen y su energía se expanda, sumando exponencialmente entre los dos hasta cotas ilimitadas.

Experimentando su unicidad de forma vital y experiencial, y sellándola con una sexualidad tántrica. De modo que esa conexión y energía sexual contribuyan positivamente al despertar colectivo e impacten elevando la vibración de la Tierra, de nuestra madre Gaia, que también es un ser vivo.

¿A alguien se le ocurre mejor modo de vivir?

Compartir tu vida con ese espejo, alineado con tu propósito, y junto con él, regalar al mundo vuestro mutuo amor, que os volverá multiplicado.

Ambos construiréis de forma conjunta un proyecto de Dios en la tierra en el que involucraréis no solo a vuestros hijos, sino a todas las personas que entran en contacto con vuestra belleza esencial.

Vuestra misión puede ser la docencia, el arte, la medicina, la gastronomía o, como en mi caso, el crecimiento personal. No tiene por qué ser exactamente en la misma área, pero si deben estar alineadas, que se nutran la una a la otra, y que el contacto con la misión de vuestra pareja os permita florecer e incorporar conocimientos a la vuestra.

Por ejemplo, si yo decido compartir mi vida con un creativo publicitario sería maravilloso que él me ayudase a difundir mis conferencias, a diseñar mi web, mi mensaje, mi *marketing*; del mismo modo que yo podría enseñarle dinámicas de *coaching* para implementar en su equipo. Ambos creceríamos en nuestro intercambio y dotaríamos de amor y creatividad esencial nuestras creaciones.

Podemos dotar de amor una web, una herramienta de crecimiento personal, una tortilla de patatas, unos zapatos, un consejo, un protocolo, una defensa judicial, una reparación mecánica, un café…

Haz lo que sea que quieras hacer, pero hazlo con amor y asegúrate de que apoyas a tu pareja para que también haga aquello que ha venido a hacer. Asegúrate de que ambos florecéis desde vuestra individualidad y de que vuestra unión representa un laboratorio de ensayo para el amor universal, para que luego podáis trasladar el amor al mundo a través de vuestros respectivos propósitos.

Entrégate al proceso y que tu pareja suponga un apoyo a tu propósito, a tu misión.

La pareja en sí misma no puede ser el sentido de tu existencia, pero puede apoyar y ayudar a florecer la existencia misma, y juntos podéis mirar en la misma dirección hacia una vida plena, marcada por el gozo y el disfrute.

Una vida trascendente, una vida dedicada a Dios que os aporte puro éxtasis vital y que permita crecer, a salvo de viejos paradigmas y creencias obsoletas, a uno de estos niños de las estrellas que están naciendo en la actualidad. Niños poderosos que vienen a iluminar este mundo y a sanar la Tierra. Un niño cristal, arcoiris o diamante… como se suele llamar vulgarmente a esa nueva raza de niños que está poblando la Tierra.

Espero que seamos capaces de proveer a estos niños un nido donde crecer seguros sin dejar que las normas y reglas egoicas apaguen su luz, tal y como nos pasó a nosotros.

Si erradicamos el sufrimiento a temprana edad, sentaremos las bases para una sociedad más justa y feliz. Apoyaremos el florecimiento de adultos sanos, libres y felices.

¿Qué mejor herencia le podemos dejar al mundo?

Ayudar a nuestros hijos a crecer en el amor y apoyar su desarrollo es el mayor regalo que podemos hacer a este planeta, y que gracias a ellos la sociedad florezca feliz y sana.

Si juntos como sociedad nos sanamos y vibramos en el amor, crearemos el día del juicio final, de modo que esta ilusión llegue a su fin y todos juntos podamos regresar a casa con Dios, al lugar del que hemos venido y que llevamos en nuestros corazones.

Y, cuando digo el juicio final, me refiero al fin de los juicios, al fin de la precepción errónea, al fin del ego, de la separación y de la ilusión. Al fin del juego, al fin de Matrix... y que el amor sea lo único que exista, lo único que quede y lo único que creemos.

Siento mucho amor en mi corazón.

EPÍLOGO

HAS TERMINADO DE LEER este manual sobre cómo amarnos de verdad, un manual que todos hubiéramos deseado tener en algún momento de nuestras vidas.

Un libro que, para mí, marcó un antes y un después; un nuevo nivel en mi vida; un bastón para mi corazón; y sé positivamente que será lo mismo para otras muchas personas.

Vamos de chulos por la vida, así de claro. Pensamos que podemos con todo, que las dificultades no podrán con nosotros. De pequeños cruzábamos ríos, rompíamos cristales (sí, lo reconozco, yo tenía una vena macarra) y decíamos cosas a las chicas sin el pudor que tenemos ahora.

Íbamos de tipos duros. ¿Y ahora qué somos? Unos miedosos que no damos un paso hacia adelante, hacia nuestra felicidad, porque nos da miedo que nos hagan daño, sufrir o por miedo al qué dirán.

A lo largo de estas páginas habréis conocido más a Covadonga. Ella es una persona muy especial para mí.

Desde que la conocí me ha acompañado por un camino que jamás pensaba que iba a recorrer.

Esto de la espiritualidad como que no era lo mío. Era algo de gente muy «especial» y mis intereses iban por otros derroteros. El mirarme a mí mismo por dentro, desapegarme de las cosas o mirarme al espejo, (no lo hacía ni cuando me levantaba) era algo que no me preocupaba… Tampoco sabía que era ego, pensaba que sería alguna hierba o algo parecido, no era mi rollo; y ¿me iba a venir a mí una chica que acababa de conocer a decirme que meditara?

¡¡Ni harto de vino!!

Casi un año después de conocerla, medito siempre que puedo, paso cada día un rato conmigo mismo y he aprendido a desapegarme de muchas cosas. Nunca hubiera pensado que llegaría a hacer todo esto, y son cosas que han supuesto un cambio sustancial en mi vida.

Me han contado, como a muchos hombres, que una princesa de cuento vendría a rescatarme de los males que me acechaban, que ella, con un beso, los disiparía y haría brillar de nuevo el sol. Y así comeríamos perdices y chocolate el resto de nuestras vidas.

¡Qué leches más ricas me he llevado por pensar así!

Y a raíz de ellas he puesto más ladrillos a mi muro. No quería conocer a nadie ni hablar con nadie porque no quería volver a pasar el miedo, el sufrimiento y el dolor que ya había experimentado. Mi corazón me decía que no quería volver a pasar por todo ese sufrimiento.

Rechazaba a todo el mundo, hacía mi vida, y cuando alguien intentaba acercarse a mí para conocerme, le decía que no tenía tiempo, cuando de verdad lo que quería decir es que no quería que me hicieran daño.

No sé si habré dejado pasar a la mujer de mi vida, pero lo que sí sé es que no quería sufrir.

No pienso que haya cometido un error, porque como bien dice Sergi Torres, nada de lo que hacemos son errores, ya que te han llevado a donde te encuentras ahora… y ahora soy feliz. Los errores no existen, no hay nada por lo que lamentarse.

Durante este tiempo en el que he estado solo y en el que he conocido a Covadonga me he dado cuenta de muchas cosas.

Me preguntaba por qué siempre llegaban a mi vida personas cortadas por el mismo patrón. Yo siempre decía que me gustaban otro tipo de chicas y, gracias a este libro, me he dado cuenta de que, debido a la ley del espejo atraía a mi vida tipo de chicas que me hacían sufrir. Gracias a su lectura he aceptado muchas cosas de mi vida que tenía que perdonarme a mí mismo, y ahora todo es diferente.

Gracias a este libro y al tiempo que llevo aprendiendo junto a Covadonga, me he dado cuenta de que tenemos que desapegarnos de las personas. Lloramos como niños cuando una persona no nos llama o cuando se van de nuestra vida los amigos de la infancia, pensando que la vida ya no será igual, que no volveremos a ser felices, que nuestra vida se dirige hacia un pozo sin fondo…

La vida es puro cambio, lo queramos o no. Hoy estamos aquí y mañana trabajando en otro sitio o conociendo nuevos amigos. La vida es cambio y, o te sumas a él o te arrastrará con él. Y lo mismo pasa con las parejas, nos pasamos días, meses, años, pensando en esa persona especial, recordando lo felices que éramos en el pasado… y mientras tanto la vida se nos va de las manos, no vivimos el presente.

¿Por qué no vivimos en el ahora? Porque pensamos que el tiempo pasado siempre fue mejor y que no somos capaces de repetir esa felicidad, esos instantes mágicos que antes vivíamos. Nosotros somos los creadores de nuestro destino y, en primer lugar, tenemos que querernos a nosotros mismos porque somos la relación más larga que vamos a tener y, en segundo lugar, tenemos que vivir en el presente porque es lo único que tenemos.

Querido lector, has leído el libro que todos hubiéramos necesitado tener en muchos momentos de nuestra vida. Cuando todo a tu alrededor parece un caos, en aquellas situaciones en las que no sabes por qué pasa lo que pasa, en las que añoras a tu ex aun sabiendo que no es buena para ti. En esos momentos, y en otros muchos, *Aprendiendo a amar* te ayudará, te calmará y será tu compañero en el camino de la vida.

Gracias, Cova, por un libro tan necesario. Gracias por darnos luz, con tu personalidad y tu sabiduría, en estos momentos en los que las tinieblas no nos dejan ver el camino hacia nuestra felicidad, hacia nuestro ser. Gracias, Cova, por ayudarme a conocerme un poco más este camino tan bonito llamado vida, con tu libro y con tus reflexiones, a través de tus formaciones y tus vídeos.

Gracias por enseñarnos lo más importante en la vida, algo que nos deberían haber enseñado de niños: a amarnos de verdad.

David Asensio García, escritor y autor del blog *El principio de un comienzo*

¿POR QUÉ GUADALUPE?

CUANDO ESCRIBÍ ESTE LIBRO sentí miedo, miedo a mostrar mis entresijos, los pensamientos obsesivos que caracterizaban mi mente previo a mi despertar espiritual (Es por ponerle palabras a lo indescriptible, soy consciente de que sigo en este sueño).

Cuando escribí este libro, sentí miedo a exponerme de modo que escribirlo en tercera persona me mantenía en el anonimato y libre de exposición. Si bien tuve muy poco éxito porque es obvio desde la primera línea que se trata de mi propia historia.

En fin... sólo una mujer maltratada podía afirmar con fuerza que todo nos lo hacemos a nosotros mismos, que nadie es culpable y que son las experiencias que mi mente proyectó en la película de mi vida con la falta de amor hacia mí misma.

Fue duro escribir esas líneas, honestamente pienso que lo hice por amor, ya que esas historias especialmente las del comienzo de este libro tuvieron lugar hace 7 años y estaban trascendidas cuando comencé el libro.

Fue un acto de valentía y amor, un acto de humildad desnudar mi oscuridad, un acto de coraje admitir que yo estuve profundamente perdida en el juego del ego.

Así mismo ha sido un acto de amor, regalártelo, compartirlo

contigo y recordarte que tú también eres amor, que esencialmente tú y yo somos lo mismo y que si yo puedo tú puedes.

Las cosas han cambiado, mi vida refleja magia y belleza. Magia y belleza que están disponibles también para ti en la medida en la que permitas que un sistema de pensamiento más alineado con tu SER florezca en ti.

Lección 338 UCDM. Sólo mis propios pensamientos pueden afectarme

Lección 297 UCDM. El perdón es el único regalo que doy

Lección 298. UCDM Te amo, Padre, y amo también a Tu Hijo

Lección 254. UCDM Que se acalle en mí toda voz que no sea la de Dios

Te amo santo hijo de Dios espero que encuentres apoyo en estas líneas para poner tu mente al servicio de un sistema de pensamiento amoroso que impulse la vuelta a casa de nuestra filiación o colectividad.

Te amo santo hijo de Dios y sólo espero que desnudar mi oscuridad en estas líneas haya servido para impulsarte.

Te amo santo hijo de Dios y si estas pasando por circunstancias que consideras mucho más adversas te recuerdo que nunca estas solo y que yo sólo cuento una parte de los hechos que dieron lugar a mi cambio.

Te amo santo hijo de Dios y comparto contigo mis enormes ganas de amor y sanación.

Gracias por leerme.

¡Tú eres la luz del mundo! Gracias por compartirte, por darte y gracias por contribuir con tu sistema de pensamiento a nuestra evolución y sanación.